사업 성공의 정석

경영 끝에 깨달은 마음의 법칙
사업 성공의 정석

초판 1쇄 인쇄　2024년 08월 06일
초판 1쇄 발행　2024년 08월 20일

신고번호　제313-2010-376호
등록번호　105-91-58839

지은이　윤태인

발행처　보민출판사
발행인　김국환
기획　김선희
편집　조예슬
디자인　김민정

ISBN　979-11-6957-209-5　　03190

주소　경기도 파주시 해올로 11, 우미린더퍼스트@ 상가 2동 109호
전화　070-8615-7449
사이트　www.bominbook.com

• 가격은 뒤표지에 있으며, 파본은 구입하신 서점에서 교환해드립니다.
• 이 책은 저작권법에 의하여 보호를 받는 저작물이므로 무단 전재와 복사를 금합니다.

사업 성공의 정석

경영 끝에 깨달은
마음의 법칙

윤태인 지음

모든 성공과 실패를 가르는 미세한 차이는
바로 리더의 '마음'에 있다

추천사

　사람들은 누구나 성공하기를 바란다. 그래서인지 '성공한 사업가'는 사람들이 가장 많이 꿈꾸는 목표인지도 모른다. 하지만 어느 분야가 되었든 그만큼 경쟁이 치열하고 사업에 성공하기란 무척 어렵다. 대부분의 사람들이 사업 실패의 쓴맛을 보고 힘든 나날을 보내기도 하는데, 중요한 것은 철저한 준비와 전문가의 조언이 반드시 필요하다는 점이다.

　어떤 사람들은 사업에 성공하기 위해서는 좀 특별한 능력이 있거나 운이 좋아서 그 사람이 돈을 많이 벌었다고 생각하겠지만 그것은 사실이 아니다. 이 책을 읽게 된다면 성공하기 위해서는 얼마만큼의 노력이 필요한지를 알 수 있을 것이다. 사람들은 흔히 '모든 일은 마음먹기에 달렸다'라고 말하면서도, 정작 고난과 역경이 닥치면 '내가 해낼 수 없는 일'이라며 단념하고 만다.

심지어 수많은 종업원의 미래를 책임진 리더들조차 어떤 일을 시작하기도 전에 '할 수 있는 일'과 '할 수 없는 일'을 나눠놓고 접근한다. 어떤 재난이든 그것을 끌어당기는 마음이 있기 때문에 일어난다. 마음이 부르지 않는 일은 그 어떤 일도 일어나지 않는다. 현실이 사람의 마음과 태도를 만드는 것이 아니라 마음이 현실을 만들고 움직여 나가는 것이다. 치열한 비즈니스 현장에서 겪은 깨달음을 집대성한 이번 책에서 모든 성공과 실패를 가르는 미세한 차이는 바로 리더의 '마음'에 있었다고 말한다.

이 책에는, 내일이 두렵고 오늘이 불안한 한국의 무수한 리더들이 경험했을 법한 초조함과 성공에 대한 갈증이 고스란히 담겨 있다. 사업을 시작할 당시의 패기와는 달리 여전히 깜깜한 터널 속에 갇혀 출구가 보이지 않는 창업가라면, 위로는 상사의 압박과 아래로는 팀원들과의 소통 문제로 자신의 능력이 한없이 부족하다고 자책하는 중간관리자라면, 직원들에게 일과 사업의 비전을 제시할 수 없어 고민이 깊은 CEO라면, 마음의 힘만으로 세상에 우뚝 선 저자의 살아있는 경험이 단단한 위로와 희망이 될 것이다.

2024년 7월

편집장 **김선희**

머리말

    안녕하십니까, 사업의 성공을 꿈꾸며 새로운 도전에 나선 여러분을 진심으로 환영합니다. 이 책 「사업 성공의 정석」은 제 경험과 지혜를 여러분과 나누고자 하는 진심 어린 마음에서 집필되었습니다. 사업의 여정은 결코 평탄하지 않지만, 올바른 방향과 전략을 갖추고 있다면 누구나 자신의 꿈을 실현할 수 있다고 확신합니다.

    이 책은 단순한 이론서에 그치지 않고, 실천적 지침서의 역할을 합니다. 실제로 적용 가능한 다양한 사례 연구와 성공 비결을 통해, 여러분이 직면할 수 있는 여러 도전과 기회를 미리 살펴볼 수 있도록 구성되었습니다. 이를 통해 여러분이 올바른 결정을 내리고, 필요한 지식을 습득하여 성공에 한 걸음 더 가까워질 수 있도록 돕고자 합니다. 또한, 실패를 통해 얻은 값진 교훈을 아낌없이 담아, 여러분이 같은 실수를 반복하지 않도록 안내하겠습니다.

사업을 시작하는 순간부터 성장의 단계, 그리고 성공을 이룬 이후의 유지와 확장까지, 모든 과정에서 이 책이 여러분의 든든한 동반자가 되기를 희망합니다. 여러분의 열정과 노력이 결실을 맺을 수 있도록 이 책이 작은 힘이 되기를 바랍니다.

저는 여러분의 성공적인 사업 여정을 진심으로 응원합니다. 이 책이 여러분에게 영감과 동기부여를 제공하며, 성공으로 가는 길을 밝혀주기를 바랍니다. 감사합니다.

2024년 7월

저자 **윤태인**

목차

추천사 • 4
머리말 • 7

제1장. 투잡이나 푼돈에 집착하지 말라

01. 대기업도 실패를 겪는다 • 14
02. 동업은 웬만하면 피하고 독립적으로 극복하라 • 16
03. 투잡이나 푼돈에 집착하지 말라 • 19
04. 장사와 사업의 차이 • 22
05. 자면서도 생각하라 • 24
06. 투자금이 많다고 성공이 보장되지는 않는다 • 27
07. 마케팅은 항상 고객의 입장에서 생각한다 • 30
08. 본인의 특성을 파악하라 • 33
09. 장사나 사업도 다양한 분야로 나뉜다 • 36

제2장. 컴퓨터 활용능력은 필수이다

01. 이런 사람과 절대 함께 일하지 마라 • 40
02. 모든 영업에는 상위 1%가 존재한다 • 43
03. 돈에 따라 직업을 바꾸지 마라 • 46
04. 나에게 맞는 일을 선택하고 열심히 하면 반드시 성공한다 • 49

05. 사업의 변수와 위기를 극복하는 능력 • 52
06. '세금, 이렇게 하면 되겠지?'라는 생각은 버려라 • 55
07. AI가 할 수 없는 나만의 기술을 배우자 • 59
08. 컴퓨터 활용능력은 필수이다 • 62
09. 이만큼 했으니 나에게 휴가를 줘볼까? • 65

제3장. 시간을 효율적으로 활용하라

01. 가정에 충실하자 • 70
02. 절대 나라 탓하지 마라 • 72
03. 코인과 주식, 도박에 시간을 낭비하지 마라 • 75
04. 시간을 효율적으로 활용하라 • 78
05. 실행력의 중요성 • 82
06. 손해 보는 사람이 없도록 하라 • 84
07. 나와 맞는 사람을 찾는 것은 쉽지 않다 • 87
08. 당장 돈이 많다고 해서 낭비하지 마라 • 90
09. 1년 전의 내 모습을 돌이켜보라 • 93

제4장. 자신의 능력을 키워라

01. 도전과 실패를 통해 성공 확률을 높여라 • 98
02. 자신의 능력을 키워라 • 101
03. 사업의 고정지출을 최소화하라 • 104
04. 실패해도 끊임없이 노력하고 즐겨라 • 107
05. 누가 돈 많이 벌더라? 나도 해볼까? • 110
06. 새벽 5시에 출근해도 기쁘다 • 113
07. 길을 잃은 세대 • 117

08. 진정한 경험 • 120

09. 답은 항상 있다 • 124

제5장. 타인의 시간을 존중하라

01. 가족에게 소홀히 하지 말자 • 128

02. 한계를 두지 마라 • 130

03. 시간을 가치 있게 사용하라 • 133

04. 타인의 시간을 존중하라 • 136

05. 일상 속 행복을 찾는 법 • 139

06. 늦었다고 생각하지 마라 • 142

07. 책을 쓰게 된 여정 • 144

08. 마음의 빈곤과 사치의 유혹 • 146

09. 독서의 중요성 • 149

10. 할 일이 없다면 스스로 만들어보라 • 153

맺음말 • 156

제1장

투잡이나 푼돈에 집착하지 말라

기계처럼 단순한 노동에 시간을 허비하는 대신, 더 나은 미래를 위한 투자로 시간을 활용하십시오. 그것이야말로 진정한 성공을 위한 밑거름이 될 것입니다.

01

대기업도 실패를 겪는다

　세계적인 대기업조차 수많은 사업을 진행하며 다양한 도전을 감행하지만, 그중 성공 사례는 극히 일부에 불과합니다. 실패를 두려워하지 마십시오. 도전하지 않으면 아무 일도 일어나지 않습니다. 열 번, 백 번 끊임없이 도전하다 보면 문제점들이 점차 보완되고, 뜻밖에 훌륭한 아이템을 발견하게 되는 경우가 많습니다.

　예를 들어, 휴대폰의 발전과정을 살펴보면, 초기에는 아날로그에서 시작하여 점차 디지털로 전환되었고, 현재는 구부러지는 화면까지 진화해왔습니다. 이는 기존 기술을 보완하고 개선해 나가면서 이루어진 결과물입니다. 이처럼 작은 시작이라도 지속적인 노력과 고민, 더 나은 방법을 찾으려는 열정이 있다면 10년, 20년 후에는 지금보다 훨씬 뛰어난 결과물이 탄생할 것입니다.

여러분도 실패를 두려워하지 말고 끊임없이 도전하십시오. 성공은 계속되는 도전과 실패 속에서 찾아오는 법입니다. 실패는 단순한 패배가 아니라 더 나은 결과를 위한 밑거름입니다. 한 번의 실패는 끝이 아니라 새로운 도약의 기회입니다. 대기업들은 실패를 발판 삼아 혁신을 이루어내고 결국 세계적인 성공을 거둡니다. 그들이 오늘날의 자리에 오르기까지 얼마나 많은 실패를 겪었는지 상상해 보십시오. 실패는 성장의 필수조건입니다. 끊임없이 도전하고, 실패를 두려워하지 않으며, 매순간 배우고 성장하는 자세를 갖추십시오.

결국, 성공은 실패의 반복을 통해 이루어집니다. 실패를 두려워하지 않는 용기와 지속적인 도전이야말로 진정한 성공의 열쇠입니다. 실패 속에서 배우고 성장하며, 더 나은 미래를 향해 나아가십시오. 여러분의 도전은 결코 헛되지 않을 것입니다.

02

동업은 웬만하면 피하고
독립적으로 극복하라

　동업은 시간이 지남에 따라 불화가 생기기 마련입니다. 따라서 동업은 가급적 피하고, 동맹관계나 외주관계로 지내는 것이 더 현명합니다. 동업은 초기에는 시너지 효과를 낼 수 있지만, 시간이 지날수록 업무를 50 대 50으로 분배하는 것이 어려워집니다. 결국, 어느 한쪽이 더 많은 업무를 맡게 되면 불만이 생기고, 불화가 발생할 가능성이 큽니다.

　예를 들어, 두 사람이 동업을 시작할 때는 각자의 역할이 명확할지라도, 시간이 흐르면서 기여도에 대한 불만이 쌓이기 쉽습니다. 이러한 상황은 동업의 본래 취지인 협력을 무색하게 만들고, 사업의 성공을 저해할 수 있습니다.

따라서 동업보다는 협력관계나 외주계약을 통해서 각자의 역할을 명확히 하고, 공정한 거래를 유지하는 것이 좋습니다.

돈에 대한 욕심을 버리고, 공정하고 투명한 관계를 유지하십시오. 사업의 성공은 개인의 이익이 아닌, 모두가 함께 성장하고 발전하는 데 있습니다. 동업에서 비롯되는 갈등을 피하고, 자신만의 길을 개척하며, 협력관계를 통해 신뢰와 공정을 바탕으로 한 성공을 이루십시오. 이는 단기적인 이익을 넘어, 장기적인 성공과 지속 가능한 성장을 가능하게 합니다.

동업의 유혹은 크지만, 그 이면에는 많은 함정이 도사리고 있습니다. 초기에는 화합과 협력의 분위기 속에서 순조롭게 진행될지 몰라도, 시간이 지나면서 서로의 기여도에 대한 시각차가 생기기 마련입니다. 그로 인해 작은 불만들이 쌓여가고, 결국 큰 갈등으로 번질 가능성이 큽니다. 이러한 갈등은 사업의 원활한 운영을 저해할 뿐만 아니라 개인적인 관계에도 큰 상처를 남길 수 있습니다.

따라서, 사업을 시작할 때는 독립적으로 도전하는 것이 바람직합니다. 독립적으로 시작함으로써, 모든 결정과 책임을 스스로 감당하게 되며, 이는 사업의 모든 면을 깊이 이해하고 관리하는 데 큰 도움이 됩니다. 물론, 사업 운영 중 필요한 경우에는 협력관계를 맺을 수 있습니다. 외주계약이나 파트너십을 통해 필요한 부분을 보완하고, 각자의 역할을 명확히 하여 공정한 거래를 유지하십시오. 이는 협력의 장점을 살리면서도 독립적으로 운영할 수 있는 유연성을 제공합니다. 공정함과 투명성은 사업의 지속 가능한 성공을 위한 필수적인 요소입니다. 모든 거래와 계약에서 정직하고 투명하게 행동하며, 약속을 지키는 자세가 필요합니다. 이는 신뢰를 구축하고, 지속적인 협력관계를 유지하는 데 도움이 됩니다.

결론적으로, 동업의 유혹을 피하고, 독립적으로 도전하는 용기를 가지십시오. 공정하고 투명한 협력관계를 통해, 신뢰와 공정을 바탕으로 한 성공을 이루십시오. 이는 단기적인 이익을 넘어, 장기적인 성공과 지속 가능한 성장을 가능하게 합니다. 여러분의 사업 여정에서 공정함과 투명성을 잊지 말고 함께 성장하고 발전하는 진정한 성공을 향해 나아가십시오.

03

투잡이나 푼돈에
집착하지 말라

이는 돈을 함부로 사용하라는 뜻이 아니라 당장의 금전에 집착하지 말라는 의미입니다. 예를 들어, 퇴근 후 배달하는 투잡을 한다고 가정해봅시다. 4시간 동안 열심히 일해 6만 원을 벌었다면, 당장은 만족스러울지 모르지만 결국 그 일에 안주하게 될 것입니다. 그러나 그 4시간을 도전과 연구, 사업구상에 사용했다면, 10년, 20년 후에는 훨씬 더 큰 성취를 이루게 될 것입니다.

기계처럼 단순한 노동에 시간을 허비하는 대신, 더 나은 미래를 위한 투자로 시간을 활용하십시오. 새로운 아이디어를 고민하고, 사업계획을 세우며, 자신의 역량을 끊임없이 발전시키는 것이 중요합니다. 그 과정에서 실패와 좌절을 경험할 수도 있지만, 그것이야말로 진정한 성공을 위한 밑거름이 될 것입니다.

당장의 푼돈에 집착하지 말고 장기적인 관점에서 자신의 시간을 가치 있게 사용하십시오. 꾸준한 노력과 도전이 쌓여, 결국에는 더 큰 성취와 성공을 가져다줄 것입니다. 항상 미래를 바라보고, 더 큰 목표를 향해 나아가십시오. 기계적인 단순노동에서 벗어나, 창의적이고 혁신적인 생각으로 자신만의 길을 개척하는 것이 진정한 성공의 열쇠입니다. 여러분의 노력과 열정이 결국 빛을 발할 것임을 믿으십시오.

시간은 우리의 가장 소중한 자원 중 하나입니다. 매일 똑같은 일을 반복하며 생계를 유지하는 것만으로는 우리가 꿈꾸는 미래를 이루기 어렵습니다. 배달이나 단순노동에 쏟는 시간을 어떻게 활용하느냐에 따라 인생의 방향이 크게 달라질 수 있습니다. 어떤 이들은 지금 당장 돈을 벌기 위해 시간과 노력을 쏟아붓지만, 그 과정에서 자신을 발전시키는 기회를 놓치곤 합니다. 단기적인 만족에 머물지 않고, 장기적인 비전을 가지고 자신의 시간을 투자하는 것이 중요합니다. 이는 단순한 노동을 넘어, 창의적이고 혁신적인 생각으로 자신만의 길을 개척하는 데 필요한 기반을 마련해줍니다.

물론, 당장의 경제적 필요 때문에 투잡을 선택할 수밖에 없는 상황도 있을 것입니다. 그러나 그럼에도 불구하고, 미래를 위한 시간을 반드시 확보해야 합니다. 하루 중 일부 시간을 할애해 자신의 꿈과 목표를 위해 투자하십시오. 작은 아이디어라도 꾸준히 발전시키고, 끊임없이 배우고 성장하는 노력을 기울이십시오. 미래를 위한 준비는 한순간에 이루어지지 않습니다. 매일의 작은 노력이 쌓여 큰 성취를 이루게 됩니다. 자신의 시간과 노력을 어디에 투자할지 현명하게 선택하십시오. 기계적인 단순노동을 넘어, 더 나은 미래를 위한 도전과 혁신을 추구하는 것이 진정한 성공으로 가는 길입니다.

결론적으로, 당장의 푼돈에 집착하지 말고 자신의 시간을 장기적인 성공을 위한 투자로 활용하십시오. 꾸준한 노력과 열정이 결국 여러분을 더 큰 성취와 성공으로 이끌 것입니다. 미래를 위해 끊임없이 도전하고, 창의적이고 혁신적인 생각으로 자신의 길을 개척해 나가십시오.

04

장사와 사업의 차이

    장사와 사업의 차이를 명확히 이해하는 것은 성공적인 경영을 위해 매우 중요합니다. 예를 들어, 요즘 흔히 볼 수 있는 중개 플랫폼을 생각해봅시다. 이는 단순한 장사가 아닌, 사업의 한 형태입니다. 중개 플랫폼은 연간 수천억 원, 심지어 1조 원 이상의 수익을 창출할 수 있는 체계적인 시스템을 갖추고 있기 때문입니다.

    반면, 장사는 항상 내가 직접 신경을 쓰고 몸을 움직여야 하는 구조입니다. 한 달에 벌 수 있는 수익의 한계가 명확합니다. 그렇다고 무턱대고 직원을 많이 두라는 뜻은 아닙니다. 현대의 기술 발전을 통해 자동화 시스템을 도입하고, AI를 활용한 사업모델이나 외주협력을 통해 충분히 성장할 기회를 모색해야 합니다.

사업은 장기적인 비전과 체계적인 시스템을 통해 성장할 수 있는 무한한 가능성을 제공합니다. AI와 같은 첨단 기술을 도입하고, 외주협력을 통해 효율적인 운영을 구축한다면, 더욱 큰 성과를 달성할 수 있습니다. 이는 단순히 신체적 노동으로 수익을 창출하는 장사와는 본질적으로 다릅니다. 장사는 안정적인 수익을 얻을 수 있는 방법이지만, 사업은 그 이상을 제공합니다. 사업은 무한한 가능성과 성장을 추구하며, 자동화와 효율성을 극대화하여 더욱 큰 성취를 이룰 수 있는 기회를 제공합니다. 따라서, 여러분의 노력과 전략이 결실을 맺어, 단순한 장사를 넘어 성공적인 사업으로 발전하기를 바랍니다.

　결론적으로, 사업의 세계는 창의적이고 혁신적인 아이디어를 실현할 수 있는 무대입니다. 여러분의 노력과 전략이 결실을 맺어, 단순한 장사를 넘어 성공적인 사업으로 발전하기를 바랍니다. 사업의 세계에서 창의적이고 혁신적인 아이디어를 실현하며, 무한한 가능성을 탐구하는 여정을 시작하십시오. 여러분의 미래는 여러분의 손에 달려 있습니다.

05

자면서도 생각하라

나는 하루 24시간 내내 생각에 잠깁니다. 어떻게 하면 더 나은 아이템을 발굴할 수 있을지 끊임없이 시뮬레이션을 돌려보는 것입니다. 그러나 단순히 생각하는 것만으로는 충분하지 않습니다. 실제로 도전해보는 용기가 필요합니다. 처음에는 몸이 피곤할 수 있지만, 시간이 지나면 우리는 적응하게 됩니다. 충분한 수면을 취하면서도 획기적인 아이디어를 얻을 수 있습니다.

대다수 사람은 하루에 길어야 1시간에서 4시간 정도만 미래에 대해 고민하고 공부합니다. 그러나 24시간 동안 끊임없이 생각한다면, 그들이 10년에 걸쳐서 해낼 일을 단 1~2년 만에 성취할 수 있습니다. 나이는 중요하지 않습니다. 40살의 내가 60대의 어느 사업가보다 더 많은 지식과 정보를 가지고 있다고 자부하는 이유는, 그들보다 더 많은 시간과 노력을 투자했기 때문입니다. 나는 더 많은 경험과 지식을 얻기 위해 시간을 아끼지 않았습니다. 이는 단순한 시간이 아닌, 목표를 향한 집중적인 노력의 결과입니다. 여러분도 하루하루를 소중히 여기고, 항상 새로운 아이디어를 찾아 끊임없이 고민하십시오. 그 과정에서 얻게 되는 지식과 경험은 분명히 큰 자산이 될 것입니다. 나이는 그저 숫자에 불과합니다. 중요한 것은 그 시간 동안 얼마나 깊이 생각하고, 얼마나 많이 도전했는가입니다. 24시간 동안 끊임없이 생각하고 도전하는 삶을 통해 누구보다 빠르게 목표를 달성하고 성공에 이를 수 있을 것입니다.

성공은 대개 끊임없는 생각과 열정적인 도전에서 비롯됩니다. 나의 하루는 단순히 시간을 보내는 것이 아니라 끊임없이 발전하고자 하는 노력을 기울이는 시간입니다. 여러분도 마찬가지로 하루하루를 소중히 여기고 새로운 아이디어와 도전을 두려워하지 마십시오. 그렇게 함으로써 여러분의 열정과 노력이 결실을 맺게 될 것입니다. 시간은 공평하게 주어지지만, 그 시간을 어떻게 활용하느냐에 따라 인생은 극적으로 달라질 수 있습니다. 매순간을 최대한 활용하고, 끊임없이 새로운 길을 모색하십시오. 이

것이 바로 진정한 성공의 열쇠입니다.

결론적으로, 성공을 위해서는 단순한 생각만으로는 부족합니다. 끊임없이 도전하고, 그 도전에서 배우는 자세가 필요합니다. 여러분의 열정과 노력이 결실을 맺기를 바라며, 매일을 가치 있게 보내는 삶을 추구하십시오. 나이는 단순한 숫자에 불과하니, 여러분의 시간과 노력을 믿고 계속해서 도전하십시오. 그렇게 한다면, 여러분은 누구보다 더 빠르게 목표를 달성하고 성공의 길에 오를 수 있을 것입니다.

06

투자금이 많다고
성공이 보장되지는 않는다

사업을 시작할 때, 많은 자본이 필요하다고 생각하는 것은 흔히 저지르는 오해일 수 있습니다. 나는 대부분의 사업을 무자본 또는 소액 투자금으로 시작했습니다. 자본보다는 지식과 경험만으로도 충분히 성공할 수 있다고 확신합니다. 예를 들어, 5억 원을 들여 큰 식당을 차린다고 가정해봅시다. 이는 과도한 투자금일 뿐 아니라 그 식당에 전념하게 되어 다른 기회를 탐색하기 어려울 수 있습니다. 반면, 식당 프랜차이즈를 연결해주는 사업을 일반 사이트나 블로그를 통해 시작해보십시오. 이 경우, 적은 투자금으로 시작하여 초기에는 많은 노력과 시간을 투자해야 합니다. 3개월에서 6개월 동안 24시간 생각하며 최선을 다해보면, 2년이나 3년이 걸릴 일을 단 몇 개월 만에 달성할 수 있습니다.

성공의 열쇠는 가능성 있는 아이디어에 집중하고, 지속적으로 연구하며 노력하는 것입니다. 가능성이 없거나 불가능하다고 판단될 경우 과감하게 포기하는 것도 필요합니다. 포기한다고 해서 실패하는 것은 아닙니다. 그 시간을 투자하고 연구하는 과정에서 얻어지는 무언가가 분명히 존재하기 때문입니다. 투자금의 크기보다는 창의적인 접근과 끊임없는 도전이 실제 성과를 만들어갑니다.

성공의 본질은 금전적 투자보다는 창의성과 지속적인 노력에 달려 있습니다. 자본이 충분하지 않다고 해서 절망할 필요는 없습니다. 오히려 작은 시작에서부터 큰 성취를 이루기까지의 과정을 통해 진정한 성장을 경험할 수 있습니다. 자신의 아이디어에 확신을 가지고 열정과 결단력을 바탕으로 지속적으로 발전하는 길을 선택하십시오. 이는 단순한 자본의 투자가 아닌, 지혜와 혁신을 통한 성공의 길입니다.

나의 경험은 언제나 가치가 있습니다. 작은 시작에서부터 쌓아 올린 지식과 노하우가 결국 큰 성공으로 이어질 수 있음을 믿습니다. 여러분도 마찬가지입니다. 자신의 아이디어에 확신을 가지고 열정과 결단력을 바탕으로 지속적으로 발전하는 길을 선택하십시오. 이는 단순한 자본의 투자가 아닌, 지혜와 혁신을 통한 성공의 길입니다. 성공은 결코 우연히 찾아오는 것이 아닙니다. 그것은 끊임없는 연구와 노력을 통해 찾아오는 것입니다. 자본의 크기보다는 창의적 접근과 끊임없는 도전이 실제 성과를 만들어 갑니다. 작은 시작이라도 꾸준한 노력과 지혜로운 접근으로 큰 성취를 이룰 수 있습니다. 여러분의 열정과 노력이 결실을 맺어, 단순한 자본의 한계를 넘어서 더 큰 성공을 이루기를 바랍니다.

결론적으로, 사업의 성공은 자본의 크기에 좌우되지 않습니다. 창의성과 지혜, 그리고 끊임없는 노력이야말로 진정한 성공의 열쇠입니다. 자신의 아이디어에 확신을 가지고 지속적인 연구와 노력을 통해 목표를 향해 나아가십시오. 그러면 작은 시작에서도 큰 성과를 이룰 수 있을 것입니다.

07

마케팅은 항상
고객의 입장에서 생각한다

저는 현재 마케팅 회사를 운영하고 있으며, 다양한 경험을 바탕으로 어떤 업종이든 성공으로 이끌 자신이 있습니다. 마케팅은 저의 적성과 완벽히 맞아떨어지는 분야입니다. 예를 들어, 네이버 키워드를 통해 홍보를 진행한다고 가정해봅시다. 다양한 고객들이 각자의 방식으로 검색을 하게 됩니다.

같은 문제를 해결하려는 고객의 입장에서 생각해보면, 예를 들어 전기가 고장 났을 때, 고객들은 '전기고장', '전기수리', '전기공사', '전기공사업체', '전기수리하는업체', '전기누전수리', '차단기 떨어짐', '강남전기공사', '강남전기수리', '강남전기고치는곳' 등 다양한 키워드로 검색할 것입니다. 사람들은 각자의 생각과 표현방식으로 검색을 하기 때문에, 이러한 다양한 키워드들을 미리 설정해놓고 노출 확률을 높이는 것이 중요합니다. 고객이 어떤 단어로 검색하든지 우리의 서비스가 항상 노출될 수 있도록 최적화된 키워드 전략을 구사하는 것입니다.

성공적인 마케팅의 핵심은 고객의 입장에서 생각하고, 그들이 실제로 사용하는 언어와 표현을 이해하여 이를 마케팅 전략에 반영하는 것입니다. 고객이 필요로 하는 정보를 신속하고 정확하게 제공함으로써 높은 전환율과 만족도를 이끌어낼 수 있습니다. 따라서 마케팅은 항상 고객의 관점에서 출발해야 하며, 그들의 검색 습관과 필요에 맞춘 세심한 접근이 필요합니다. 이를 통해 더 많은 고객을 유치하고, 그들의 신뢰를 얻어 장기적인 성공을 이룰 수 있습니다.

예를 들어, 고객이 전기수리 업체를 찾을 때 '강남전기수리'와 같은 구체적인 키워드를 사용하는 이유는 단순합니다. 그들은 문제를 신속히 해결하고 싶기 때문입니다. 이러한 고객의 심리를 이해하고, 그에 맞는 키워드를 최적화하여 우리의 서비스를 노출시키는 것이 마케팅의 핵심 전략입니다. 고객의 입장에서 생각하는 마케팅은 단순한 기술적 접근을 넘어, 고객의 필요와 감정을 깊이 이해하는 것입니다. 이는 고객과의 신뢰관계를 형성하고, 지속적인 비즈니스 성장을 가능하게 합니다. 고객이 어떤 상황에서 어떤 단어를 사용할지 예측하고, 그에 맞는 맞춤형 솔루션을 제공하는 것이 성공적인 마케팅의 비결입니다.

결론적으로, 마케팅은 고객의 관점에서 출발해야 합니다. 고객의 검색 습관과 필요를 이해하고, 그들의 언어로 소통할 수 있는 전략을 구사하십시오. 이를 통해 더 많은 고객을 유치하고, 그들의 신뢰를 얻어 장기적인 성공을 이루는 것이 가능합니다. 고객 중심의 마케팅은 단순히 비즈니스의 성장을 넘어서, 고객과의 깊은 신뢰와 관계를 구축하는 데 핵심적인 역할을 합니다.

08

본인의 특성을 파악하라

성공을 위해서는 자신의 장점을 부각시키는 것이 핵심 요소입니다. 도전정신이 강하고 끊임없이 새로운 변화를 선호하는 사람은 창업이나 비즈니스 운영에 적합합니다. 반면, 안정적이고 꾸준한 월급을 선호하는 사람은 조직 내에서 체계적으로 일하는 것이 더 적합할 수 있습니다. 사람마다 각기 다른 성격을 가지고 있으며, 이는 성공의 방향을 결정짓는 중요한 요소입니다.

자신을 깊이 이해하는 것이 중요합니다. 자신의 성격과 장단점을 철저히 파악하고, 그것을 최대한 활용해야 합니다. 예를 들어, 잠이 많고 게으른 사람도 자판기 사업을 통해 성공할 수 있습니다. 자판기 사업은 일주일에 한 번 가서 제품을 채워 넣기만 하면 되므로, 충분한 수면을 취하면서도 자판기를 하나씩 늘려가다 보면 성공할 수 있는 구조를 제공합니다. 이는 자신의 특성을 잘 살려 본인에게 맞는 사업 아이템을 찾아내는 좋은 예시입니다.

성공적인 비즈니스를 구축하기 위해서는 자신의 특성을 정확히 파악하고, 그에 맞는 분야를 선택하는 것이 중요합니다. 도전과 혁신을 즐기는 사람은 빠르게 변화하는 산업에서 큰 성과를 낼 수 있으며, 안정성을 중시하는 사람은 꾸준히 성과를 쌓아갈 수 있는 분야에서 빛을 발할 수 있습니다. 각자의 고유한 특성을 바탕으로 적합한 길을 선택하여 목표를 달성하는 것이 궁극적인 성공의 비결입니다.

자기 성찰은 자신의 특성을 이해하는 과정의 시작입니다. 어떤 상황에서 가장 큰 성과를 내는지, 무엇을 할 때 가장 만족감을 느끼는지 분석해보십시오. 이는 자신에게 가장 잘 맞는 사업 아이템을 찾는 데 큰 도움이 됩니다. 예를 들어, 창의적인 아이디어가 끊임없이 떠오르는 사람은 콘텐츠 제작이나 창업 아이템 발굴에 강점을 보일 수 있습니다. 반면, 체계적이고 분석적인 사고를 가진 사람은 데이터 분석이나 재무관리와 같은 분야에서 뛰어난 성과를 낼 수 있습니다.

자신의 특성을 최대한 활용하는 것이 중요합니다. 이를 통해 자신에게 가장 적합한 사업 아이템을 찾고, 그 분야에서 성공할 가능성을 극대화할 수 있습니다. 각자의 고유한 특성을 바탕으로 적합한 길을 선택하여 목표를 달성하는 것이 궁극적인 성공의 비결입니다. 성공은 자신을 깊이 이해하고, 그 이해를 바탕으로 전략적으로 행동하는 사람에게 찾아옵니다.

자신의 특성을 잘 파악하고, 그것을 바탕으로 적합한 분야를 선택하십시오. 이는 단순한 직업 선택을 넘어, 삶의 방향을 결정짓는 중요한 과정입니다. 자신의 장단점을 철저히 이해하고, 그것을 최대한 활용하는 것이야말로 지속 가능한 성공을 위한 열쇠입니다.

09

장사나 사업도
다양한 분야로 나뉜다
(나의 성향과 패턴을 분석하라)

사업이나 장사를 할 때에도 그 분야는 무궁무진하게 세분화됩니다. 자신에게 맞는 분야를 선택하기 위해서는 자신의 성향과 패턴을 철저히 분석하는 것이 필수적입니다. 각 개인의 특성과 성향에 맞는 분야를 선택하는 것이 성공의 지름길이기 때문입니다.

예를 들어, 영업의 경우를 살펴봅시다. 영업은 크게 단기 영업, 장기 영업, 기술적 영업 등으로 나뉩니다. 단기 영업은 고객과의 일회성 거래로 끝나는 경우가 많습니다. 이러한 유형의 영업은 꼼꼼하지 않은 사람에게 적합할 수 있습니다. 빠른 속도로 많은 거래를 처리하는 능력이 요구되기 때문입니다. 반면, 장기 영업은 고객과 지속적으로 연락을 유지하며 관계를 관리해야 합니다. 이 유형의 영업은 꼼꼼하고 약속을 잘 지키는 사람에게 적합합니다. 고객과의 신뢰를 바탕으로 장기적인 관계를 형성하고 유지하는 데 강점을 지닌 사람들이 이러한 분야에서 큰 성과를 낼 수 있습니다. 기술적 영업은 제품이나 서비스의 기술적 측면을 깊이 이해하고, 이를 고객에게 효과적으로 전달하는 능력이 필요합니다. 이는 기술적 이해와 커뮤니케이션 능력을 동시에 요구하기 때문에 기술적 사고와 소통능력이 뛰어난 사람에게 적합합니다.

자신의 성향과 패턴을 정확히 파악하고, 그에 맞는 분야를 선택하는 것이 성공의 열쇠입니다. 예를 들어, 창의적이고 혁신적인 아이디어를 좋아하는 사람은 빠르게 변화하는 기술 산업이나 스타트업 환경에서 큰 성과를 낼 수 있습니다. 반면, 안정적이고 체계적인 환경을 선호하는 사람은 전통적인 제조업이나 금융업에서 빛을 발할 수 있습니다.

자신의 고유한 특성을 바탕으로 적합한 영업방식을 선택하고, 그 분야에서 최고의 성과를 낼 수 있도록 노력하십시오. 성향에 맞는 선택은 성공의 가능성을 극대화합니다. 이는 단순한 직업 선택을 넘어, 자신의 삶을 어떻게 꾸려나갈지에 대한 중요한 결정입니다. 따라서, 사업을 시작하기 전, 자신의 성향과 패턴을 면밀히 분석해보십시오. 자신에게 가장 잘 맞는 분야를 찾고, 그 분야에서 성공을 거두기 위해 필요한 역량을 키우는 데 집중하십시오. 자신의 특성과 강점을 최대한 활용하는 것이야말로 지속 가능한 성공을 위한 핵심 전략입니다.

결론적으로, 자신의 성향과 패턴을 정확히 이해하고, 그에 맞는 분야를 선택하는 것은 성공의 중요한 요소입니다. 각자의 고유한 특성을 바탕으로 적합한 길을 선택하여 목표를 달성하는 것이 궁극적인 성공의 비결입니다. 성공은 자신을 깊이 이해하고, 그 이해를 바탕으로 전략적으로 행동하는 사람에게 찾아옵니다.

제2장
컴퓨터 활용능력은 필수이다

디지털 기술에 대한 이해와 활용능력을 갖추면 여러분은 단순한 생존을 넘어 번영을 위한 길을 열 수 있습니다. 현대 사회에서 컴퓨터 활용능력은 다양한 기회를 창출하는 열쇠입니다.

01

이런 사람과
절대 함께 일하지 마라

"내일 오전 10시에 전화드리겠습니다."

"5분 후에 다시 전화드리겠습니다."

"오늘 입금해드리겠습니다. 내일 꼭 해드리겠습니다."

이처럼 말만 번지르르하게 하고 약속을 지키지 않는 사람들과는 절대로 함께 일하지 마십시오. 성공적인 비즈니스 관계의 핵심은 신뢰입니다. 약속을 지키지 않는 사람은 신뢰할 수 없으며, 이러한 사람과의 협력은 사업의 신뢰성마저 손상시킬 수 있습니다.

시간 약속이나 금전적 약속을 지키지 않는 사람은 업무에서 일관성을 유지할 수 없습니다. 이는 곧 협력관계의

붕괴로 이어질 수 있습니다. 이러한 유형의 사람들과의 협업은 오히려 사업의 걸림돌이 될 뿐입니다. 약속을 지키지 않는 파트너는 예측 불가능한 문제를 초래할 수 있으며, 이는 사업의 안정성과 지속 가능성을 위협합니다.

신뢰할 수 있는 파트너를 찾는 것은 성공적인 비즈니스를 위한 필수적인 요소입니다. 약속을 철저히 지키고, 책임감 있게 행동하는 사람과 함께 일하는 것이 중요합니다. 이러한 파트너는 여러분의 비즈니스에 긍정적인 영향을 미치며, 장기적인 성공을 보장할 수 있습니다.

약속을 가벼이 여기지 않고, 항상 책임감 있게 행동하는 사람과 함께 일하십시오. 이는 궁극적으로 여러분의 비즈니스에 긍정적인 영향을 미칠 것입니다. 신뢰를 바탕으로 한 협력관계는 서로의 성장을 도모하고, 더 큰 성과를 이루는 데 기여합니다. 신뢰는 성공적인 비즈니스 관계의 초석입니다. 여러분의 비즈니스 파트너가 약속을 지키지 않는다면, 그 관계는 결코 오래가지 못할 것입니다. 약속을 철저히 지키는 사람과 협력하여 안정적이고 지속 가능한 비즈니스를 구축하십시오. 이런 사람과 함께 일할 때, 여러분의 비즈니스는 더욱 빛을 발할 것입니다. 신뢰할 수 있는 파트너는 사업의 성공과 지속 가능성을 보장하는 데 필수적입니다. 신뢰를 기반으로 한 협력관계는 여러분의 비즈니스를 한 단계 더 성장시키는 원동력이 될 것입니다.

결국, 약속을 가볍게 여기지 않는 사람과 함께 일하는 것이야말로 성공적인 비즈니스의 핵심입니다. 신뢰할 수 있는 파트너를 찾고, 그들과 함께 비즈니스를 발전시켜 나가십시오. 이는 여러분의 비즈니스가 더욱 탄탄하게 성장하는 데 큰 도움이 될 것입니다.

02

모든 영업에는
상위 1%가 존재한다

모든 업종에서 상위 1%의 성과를 내는 사람들이 존재합니다. 폐지를 줍는 일에서부터 청소, 자동차 판매, 카드 홍보, 보험판매에 이르기까지 이들은 항상 두각을 나타냅니다. 그들이 이 자리에 오를 수 있었던 이유는 단순한 행운이 아니라 남다른 노력과 깊이 있는 사고, 그리고 지속적인 도전의 결과입니다.

상위 1%가 되기 위해 필요한 자세는 명확합니다. 동료들보다 더 열심히 노력하고, 더 깊이 사고하며, 이를 실제 행동으로 옮기는 것입니다. 또한, 끊임없이 도전하는 정신을 유지해야 합니다. 이러한 노력을 기울인다면 업종에 관계없이 상위 1%에 도달할 수 있습니다.

성공의 비결은 단순한 행운이 아닙니다. "저 사람은 운이 좋아서 성공했어"라는 말은 맞지 않습니다. 그들의 성공 뒤에는 보이지 않는 곳에서 누구보다 열심히 노력하고, 누구보다 깊이 연구한 결과가 있습니다. 지속적인 노력과 성실함이 성공의 본질입니다. 상위 1%에 오르기 위해서는 자신의 한계를 극복하고, 더 나은 성과를 위해 끊임없이 자신을 발전시켜 나가야 합니다. 이는 단순한 기술적 능력을 넘어, 정신적 강인함과 끈기를 요구합니다. 아무리 힘든 상황에서도 포기하지 않고 자신의 목표를 향해서 끊임없이 도전하는 사람들이 바로 상위 1%의 주인공들입니다.

상위 1%가 되기 위해 필요한 노력은 결코 작은 것이 아닙니다. 그들은 더 많은 시간과 에너지를 투자하고, 더 많은 실패를 경험하며, 그 속에서 배우고 성장합니다. 그들은 항상 더 나은 방법을 찾기 위해 고민하고, 끊임없이 자기 자신을 개선합니다. 이런 과정을 통해 그들은 남다른 성과를 이뤄내며, 결국 상위 1%의 자리에 오르게 됩니다.

상위 1%가 되기 위한 여정은 험난하고 어려울 수 있지만, 그 끝에는 남다른 성취와 만족이 기다리고 있습니다. 자신의 한계를 뛰어넘고, 끊임없이 도전하는 자세로 목표를 향해 나아가십시오. 그러면 어느 분야에서든 최고의 자리에 오를 수 있을 것입니다.

결론적으로, 상위 1%는 단순한 행운이 아닌, 남다른 노력과 깊이 있는 사고, 그리고 지속적인 도전의 결과입니다. 상위 1%가 되기 위해 필요한 노력과 헌신을 기울인다면, 어떤 업종에서든 최고의 자리에 오를 수 있습니다. 자신의 한계를 극복하고, 더 나은 성과를 위해 끊임없이 자신을 발전시켜 나가십시오. 그러면 여러분도 상위 1%의 주인공이 될 수 있습니다.

03

돈에 따라 직업을 바꾸지 마라

친구 중에 "어떤 일을 해서 얼마를 벌었다"라는 이야기에 휘둘리지 마십시오. 앞서 언급했듯이, 자신에게 맞는 일을 찾는 것이 가장 중요합니다. 자신의 특성과 장점을 살린 일을 선택하는 것이 성공의 열쇠입니다.

단순히 돈만을 좇아 직업을 바꾸는 것은 장기적으로 보았을 때 만족스럽지 않을 수 있습니다. 그 대신, 자신의 고유한 능력과 열정을 발휘할 수 있는 일을 찾으십시오. 그 과정에서 진정한 성취감을 느끼고 지속적인 성공을 이룰 수 있습니다.

자신에게 맞는 일을 선택하는 것은 단순한 직업 이상의 의미를 갖습니다. 이는 자신의 삶의 질과 행복을 결정짓는 중요한 요소입니다. 나의 강점과 특성을 최대한 발휘할 수 있는 분야에서 일할 때, 비로소 진정한 만족과 성공을 경험할 수 있을 것입니다. 돈이 아닌 자신의 열정과 능력을 기준으로 직업을 선택하십시오. 친구들이 하는 말에 흔들리기보다는, 자신의 길을 찾고 그 길에서 최고의 성과를 내는 것이 중요합니다. 돈은 중요하지만, 진정한 성공과 행복은 돈 이상의 가치를 가집니다. 자신의 특성과 장점을 살릴 수 있는 일을 선택함으로써 더 큰 만족과 성취를 얻을 수 있습니다.

돈만을 좇아 직업을 바꾸는 것은 단기적인 만족을 줄 수 있지만, 장기적으로는 불만족과 후회를 낳을 수 있습니다. 반면, 자신의 고유한 능력과 열정을 발휘할 수 있는 일을 선택하면, 지속적인 동기부여와 성취감을 느낄 수 있습니다. 이는 결국 더 큰 성공으로 이어질 것입니다. 자신에게 맞는 일을 선택하는 것은 자신의 삶의 방향을 결정짓는 중요한 과정입니다. 나의 강점과 특성을 최대한 발휘할 수 있는 분야에서 일할 때, 비로소 진정한 만족과 성공을 경험할 수 있습니다. 돈에 휘둘리지 않고, 자신에게 맞는 일을 선택하십시오. 이는 단순한 직업 선택을 넘어, 삶의 질을 향상시키는 중요한 결정입니다.

결국, 진정한 성공은 자신의 열정과 능력을 최대한 발

휘할 수 있는 일을 선택하는 데서 시작됩니다. 돈은 중요하지만, 그것만이 전부는 아닙니다. 자신에게 맞는 일을 찾아 그 일을 통해 성취와 만족을 느낄 때, 비로소 진정한 성공과 행복을 경험할 수 있습니다. 돈에 따라 직업을 바꾸지 마십시오. 대신, 자신의 고유한 능력과 열정을 발휘할 수 있는 일을 찾아 지속적인 성공을 이루십시오.

04

나에게 맞는 일을 선택하고
열심히 하면 반드시 성공한다

자신이 진정으로 즐길 수 있는 일을 찾아보십시오. 이를테면, 취미로 낚시를 좋아하는 사람이 낚시용품점을 운영한다고 가정해봅시다. 낚시에 대한 열정으로 매일 연구하고, "어떻게 하면 물고기가 이 미끼를 물까?"라는 질문을 끊임없이 고민하는 사람이라면, 그 낚시용품점은 분명히 성공할 것입니다. 이는 본인에게 맞고 즐길 수 있는 일을 찾는 것이 얼마나 중요한지를 잘 보여줍니다.

자신에게 맞는 일을 선택하는 것은 단순한 직업 선택을 넘어, 삶의 방향을 결정짓는 중요한 요소입니다. 자신이 열정을 가지고 즐길 수 있는 일을 하게 되면, 그 분야에 대한 깊은 이해와 지속적인 연구를 통해 성공할 가능성이 높아집니다. 이러한 열정은 어려움을 극복하고, 끊임없이 자신을 발전시키는 동력이 됩니다. 따라서, 자신의 특성과 흥미를 고려하여 진정으로 즐길 수 있는 일을 찾으십시오. 그 일을 열심히 하고 최선을 다한다면, 성공은 자연스럽게 따라올 것입니다. 성공의 열쇠는 자신이 진정으로 열정을 쏟을 수 있는 분야를 찾고, 그 분야에서 끊임없이 노력하고 발전해 나가는 것입니다.

자신의 특성을 깊이 이해하고, 그것을 바탕으로 적합한 분야를 선택하는 것은 매우 중요합니다. 예를 들어, 창의적인 사고를 즐기는 사람은 예술이나 디자인 분야에서 빛을 발할 수 있으며, 분석적 사고를 즐기는 사람은 데이터 분석이나 재무관리와 같은 분야에서 뛰어난 성과를 낼 수 있습니다. 자신에게 맞는 일을 선택하면 그 일에 몰입하고 열정을 쏟아부을 수 있으며, 이는 결국 성공으로 이어질 것입니다.

나에게 맞는 일을 찾는 과정은 자신을 깊이 이해하고, 자신의 강점과 흥미를 발견하는 것으로 시작됩니다. 이 과정에서 자기 성찰과 탐구는 필수적입니다. 어떤 상황에서 가장 큰 성과를 내는지, 무엇을 할 때 가장 만족감을 느끼는지를 분석해보십시오. 이는 자신에게 가장 잘 맞는 일과 그 일에서 성공할 수 있는 방법을 찾는 데에 큰 도움이 됩니다.

결론적으로, 자신이 진정으로 즐길 수 있는 일을 찾고, 그 일에 열정을 쏟아 최선을 다하십시오. 이는 단순한 직업 선택을 넘어, 삶의 질을 향상시키는 중요한 과정입니다. 자신에게 맞는 일을 선택하고, 그 일에 몰입하여 열심히 노력하면, 성공은 자연스럽게 따라올 것입니다. 성공은 자신이 진정으로 열정을 쏟을 수 있는 일을 찾아 끊임없이 노력하는 사람에게 주어집니다. 여러분의 열정과 노력이 결실을 맺을 것을 믿으십시오.

05

사업의 변수와 위기를 극복하는 능력

사업을 하다 보면 변수와 위기는 필연적으로 찾아옵니다. 이러한 도전과 난관을 즐기고 극복하는 기업만이 진정한 성장을 이룰 수 있습니다. 그러나 여자, 도박, 과도한 술, 게임과 같은 유혹은 집중력을 흐트러뜨립니다. 아무리 앞서 언급한 일들을 잘 수행하여 성공했다 하더라도, 이러한 유혹에 빠지면 실패는 시간 문제일 뿐입니다.

사업을 진행하면서 우리는 수많은 문제와 위기에 직면하게 됩니다. 그러나 게임이나 도박에 빠져 있다면, 그러한 문제를 해결하는 능력이 현저히 저하될 것입니다. 사업가는 항상 상황을 주시하고, 문제가 발생했을 때 이를 신속하게 대처할 수 있는 능력을 갖추어야 합니다. 이는 성공적인 사업 운영의 핵심요소 중 하나입니다. 따라서 자신의 집중력을 방해하는 요소들을 경계하고 사업에 전념해야 합니다. 문제와 위기가 닥쳤을 때 이를 슬기롭게 극복할 수 있는 능력을 기르는 것이 중요합니다. 이는 단순히 문제 해결 능력뿐만 아니라 끊임없이 생각하고 준비하는 자세를 요구합니다.

사업에서의 진정한 성장은 이러한 변수와 위기를 극복하며 얻어집니다. 집중력을 유지하고, 항상 준비된 자세로 임하며, 발생하는 문제를 신속하고 효과적으로 해결하는 능력을 키우십시오. 이는 지속 가능한 성공과 성장을 위한 필수조건입니다. 위기를 극복하는 능력은 사업의 성패를 좌우합니다. 따라서 문제 발생 시, 냉철한 판단력과 신속한 대응이 필요합니다. 이를 위해 끊임없이 자신을 단련하고, 다양한 상황에 대비하는 준비된 자세를 유지하십시오. 이는 단기적인 성공을 넘어, 장기적인 성장과 번영을 가져다줄 것입니다.

또한, 사업가는 항상 미래를 대비해야 합니다. 예상치 못한 위기가 찾아올 때를 대비해 다양한 시나리오를 준비하고, 유연하게 대응할 수 있는 능력을 갖추는 것이 중요합니다. 이는 사업의 안정성과 지속 가능성을 높이는 데 필수적입니다.

결론적으로, 사업의 변수와 위기를 극복하는 능력은 성공적인 사업 운영의 핵심입니다. 집중력을 방해하는 요소들을 경계하고, 문제 발생 시 신속하고 효과적으로 대처하는 능력을 기르십시오. 여러분의 사업 여정에서, 이러한 능력을 갖추고 더욱 큰 성취를 이루기를 바랍니다.

06

'세금, 이렇게 하면 되겠지?'라는 생각은 버려라

세금을 편법으로 처리하려는 생각은 매우 위험합니다. 국세청은 방대한 경험과 데이터를 바탕으로 모든 불법행위를 철저히 추적합니다. '이렇게 하면 모르겠지?'라는 안일한 생각은 반드시 버려야 합니다.

세무 문제는 전문가의 조언을 받아야 합니다. 전문가의 지식과 경험은 귀중한 자산이며, 그들에게 지불하는 비용은 장기적으로 볼 때 현명한 투자입니다. 자신의 한계를 인정하고 전문가의 조언을 구하는 자세는 성공적인 사업 운영에 필수적입니다. 겸손한 태도로 배우려는 자세를 유지하고, 필요한 경우 전문가의 도움을 받으십시오. 이는 불필요한 위험을 피하고 사업을 안정적으로 운영하는 데 큰 도움이 될 것입니다. 성공은 자신을 과신하지 않고 지속적으로 배우고 성장하는 사람에게 주어집니다.

세금은 공평한 시작점입니다. 모두가 동등한 입장에서 시작하여 법을 준수하며 경쟁하는 것입니다. 이를 어기고 편법을 쓰거나 불법행위를 하는 것은 프로다운 행동이 아닙니다. 예를 들어 운동선수가 약물을 복용하면 프로 자격을 박탈당하고 낙인이 찍힐 것입니다. 사업도 마찬가지입니다. 유명한 대기업들이 탈세와 편법을 사용하지 않는 이유는 그들이 이를 못해서가 아닙니다. 유능한 세무사들을 고용해서 충분히 할 수 있음에도 불구하고 법을 지키며 운영하는 것은 회사의 안전성과 신뢰도를 지키기 위함입니다. 저 또한 세금 문제에 있어서 절대 편법을 사용하지 않습니다. 불법이나 편법을 사용했다면 벌써 100억 부자가 되었을지도 모릅니다.

세무 문제에 있어 겸손과 전문성의 중요성을 강조하고 싶습니다. 세상을 모두 알고 있다고 자만하는 것은 큰 위험입니다. 특히 편법을 통한 해결책을 찾으려는 생각은 절대 금물입니다. 국세청은 방대한 경험과 데이터를 바탕으로 모든 불법행위를 철저히 추적합니다. 작은 실수조차도 큰 문제로 이어질 수 있습니다. 전문가의 조언과 도움은 세무 문제를 해결하는 데 필수적입니다. 전문가의 지식과 경험은 귀중한 자산이며, 그들에게 지불하는 비용은 장기적으로 볼 때 현명한 투자입니다. 자신의 한계를 인정하고 전문가의 조언을 구하는 자세는 성공적인 사업 운영에 필수적입니다. 이는 불필요한 위험을 피하고 사업을 안정적으로 운영하는 데 큰 도움이 됩니다. 성공은 자신을 과신하지 않고, 지속적으로 배우고 성장하는 사람에게 주어집니다. 따라서, '세금 이렇게 하면 되겠지?'라는 생각을 버리고, 항상 전문가의 조언을 구하며, 겸손한 태도로 배우고 성장하는 자세를 유지하십시오. 이는 장기적인 성공과 안정적인 사업 운영을 위한 필수조건입니다.

결론적으로, 세금을 편법으로 처리하려는 생각은 매우 위험하며, 국세청의 방대한 경험과 데이터를 바탕으로 모든 불법행위를 철저히 추적하는 현실을 직시해야 합니다. 전문가의 조언을 구하는 것은 불필요한 위험을 피하고, 사업을 안정적으로 운영하는 데 큰 도움이 됩니다. 성공은 자신을 과신하지 않고 지속적으로 배우고 성장하는 사람에게 주어집니다. 더 나아가, 세금 문제에 대한 올바른 태도를 가지는 것은 법적 문제를 피하는 것을 넘어서, 기업의 신뢰성과 윤리성을 지키는 길입니다. 이는 장기적인 성공을 위한 필수요소이며, 지속 가능한 사업 운영을 가능하게 합니다. 전문가의 조언을 구하고, 법을 준수하는 것이야말로 진정한 프로페셔널리즘을 실천하는 것입니다.

07

AI가 할 수 없는
나만의 기술을 배우자

현대 사회에서 인공지능(AI)의 발전은 우리의 일상과 직업세계를 빠르게 변화시키고 있습니다. 복잡한 프로그램 개발부터 단순한 그림 그리기까지 AI는 이미 놀라운 성과를 보여주고 있습니다. 그러나 이는 시작에 불과합니다. 앞으로 10년, 20년 뒤 AI의 발전은 우리의 상상을 초월할 것이며, 현재의 직업이 미래에도 보장될 것이라는 확신을 갖기 어려운 시대가 도래할 것입니다.

기술은 단순히 생계를 위한 수단을 넘어, 현대인에게 필수적인 요건이 되었습니다. 많은 단순 작업은 로봇과 AI에 의해 대체될 것입니다. 이러한 변화 속에서 AI나 로봇이 할 수 없는 고유한 기술을 배우는 것이 중요합니다.

이는 단순한 생계수단을 넘어서, 미래의 직업 안정성을 보장하는 중요한 요소가 될 것입니다.

예를 들어, 흔히 '노가다'라 불리는 건설 전문직이 있습니다. 과거에는 천대받았던 이 직업이 AI가 발전함에 따라 오히려 최고의 직업으로 부상할 가능성이 높습니다. AI와 로봇이 수행할 수 없는 창의적이고 숙련된 기술은 시간이 지날수록 그 가치가 더욱 높아질 것입니다. 이러한 변화를 대비하여 자신만의 독특한 기술을 습득하는 것은 필수적입니다. 이러한 기술은 단순한 도구가 아니라 우리의 삶을 풍요롭게 하고, 미래를 보장해주는 열쇠입니다. AI와 로봇이 대체할 수 없는 분야에서의 전문성을 키우는 것이야말로 지속 가능한 성공을 위한 필수적인 전략입니다. 앞으로의 세상에서 경쟁력을 유지하기 위해서는, 끊임없이 배우고 발전하는 자세가 필요합니다. 기술을 통해 자신의 가치를 높이고, 미래의 변화에 대비하는 것은 개인의 성장뿐만 아니라 안정된 생계를 유지하는 데에도 필수적입니다.

결론적으로, AI가 할 수 없는 독특한 기술을 습득하고, 그 기술을 통해 자신의 가치를 극대화하는 것이 중요합니다. 이는 단순한 직업 안정성을 넘어서, 미래의 불확실성 속에서도 자신만의 길을 개척할 수 있는 힘이 될 것입니다. AI와 로봇이 대체할 수 없는 창의적이고 독창적인 기술을 배우고, 끊임없이 발전하며 미래를 대비합시다. 이는 우리의 삶을 더욱 풍요롭게 만들고, 지속 가능한 성공을 이루는 길입니다.

앞으로의 시대에서, 기술은 단순한 생계의 도구가 아니라 우리의 미래를 보장해주는 가장 강력한 무기가 될 것입니다. 이를 통해 우리는 더 나은 삶을 누리고, 새로운 도전에 맞설 준비를 갖출 수 있을 것입니다.

08

컴퓨터 활용능력은 필수이다

현대 사회에서 컴퓨터를 다루는 능력은 더 이상 선택이 아닌 필수적인 요소입니다. 인터넷의 발달로 정보 접근이 쉬워졌다고 해서 모두가 이를 효과적으로 활용할 수 있는 것은 아닙니다. 디지털 시대에 적응하지 못하면 경쟁에서 뒤처질 수밖에 없습니다. 컴퓨터와 인터넷 활용능력은 이제 기본적인 소양으로 자리 잡고 있습니다. 디지털 기술에 능숙하지 않다면, 빠르게 변화하는 세상에서 도태될 위험이 큽니다. 이는 단순히 정보 검색을 넘어서, 다양한 디지털 도구와 소프트웨어를 효과적으로 사용하는 능력을 포함합니다.

예를 들어, 데이터 분석, 그래픽 디자인, 프로그래밍 등 다양한 분야에서의 컴퓨터 활용능력은 필수적입니다. 따라서, 컴퓨터 기술을 습득하고 지속적으로 발전시키는 것이 중요합니다. 이는 개인의 경쟁력을 높이고, 미래의 직업 안정성을 확보하는 데 큰 도움이 될 것입니다. 디지털 시대에 걸맞은 기술을 갖추는 것이야말로 지속 가능한 성공을 위한 필수적인 전략입니다. 컴퓨터와 인터넷을 능숙하게 다루는 능력을 키우면, 여러분은 빠르게 변화하는 세상에서도 끊임없이 성장하고 성공할 수 있을 것입니다.

디지털 기술에 대한 이해와 활용능력을 갖추면, 여러분은 단순한 생존을 넘어 번영을 위한 길을 열 수 있습니다. 현대 사회에서 컴퓨터 활용능력은 다양한 기회를 창출하는 열쇠입니다. 온라인 마케팅, 원격근무, 전자상거래 등 여러 분야에서 컴퓨터 기술은 필수적입니다.

결론적으로, 컴퓨터 활용능력을 습득하고, 이를 바탕으로 끊임없이 자기계발을 해나가는 것이 중요합니다. 디지털 기술을 통해 자신의 가치를 극대화하고, 미래의 변화를 대비하십시오. 이는 지속 가능한 성공을 이루는 길이며, 빠르게 변화하는 세상에서도 끊임없이 성장하고 성공할 수 있는 기반을 마련해줄 것입니다. 컴퓨터 활용능력은 단순한 생존을 넘어, 번영을 위한 핵심요소입니다. 디지털 시대에 적응하고, 이를 활용하여 자신만의 길을 개척하십시오. 그러면 여러분은 어떤 변화에도 흔들리지 않는 탄탄한 기반 위에서 성공을 이룰 수 있을 것입니다.

09

이만큼 했으니
나에게 휴가를 줘볼까?

항상 꾸준히 노력하라는 말입니다. '이만큼 했으니 한 달 휴가를 가볼까?' 혹은 '좀 쉬엄쉬엄 해볼까?'라는 생각은 매우 위험합니다. 이렇게 되면 성취한 감각을 잃고, 다시 시작하려면 몇 개월의 시간이 걸릴 수 있습니다. 셀트리온 그룹의 서정진 대표를 보십시오. 자산이 수조 원에 달하지만, 그는 여전히 현직에서 해외를 다니며 바이어를 만나고, 직원들과 숙소생활을 하며 연구하고 회의합니다. 그의 예에서 알 수 있듯이, 꾸준한 노력이야말로 진정한 성공의 열쇠입니다. 잠시의 안일함은 결국 성취를 방해할 수 있습니다. 우리는 항상 자신의 목표를 향해 나아가야 하며, 목표를 이루기 전에는 절대 안주하지 말아야 합니다. 지속적인 노력이 성공의 핵심입니다.

끊임없이 자신을 발전시키고, 도전을 멈추지 않는 자세가 필요합니다. 목표를 향해 한 걸음씩 나아가며, 꾸준함을 유지하십시오. 이는 단순한 성취를 넘어, 지속 가능한 성공을 이루는 데 필수적인 요소입니다. 성공을 위해 필요한 것은 끊임없는 노력과 자기계발입니다. 일시적인 만족이나 안일함에 빠지지 말고 항상 더 높은 목표를 향해 전진하십시오. 이는 여러분이 단순한 성취를 넘어 지속 가능한 성공을 이루는 데 필수적인 요소가 될 것입니다. 끊임없는 노력과 성장의 중요성을 강조한 서정진 대표의 사례는 우리에게 귀중한 교훈을 제공합니다. 그는 엄청난 재산을 가지고 있음에도 불구하고, 여전히 현장에서 발로 뛰며, 끊임없이 배우고 도전합니다. 이는 진정한 성공은 멈추지 않는 노력과 헌신에서 온다는 것을 보여줍니다.

따라서 여러분도 '이만큼 했으니 이제 좀 쉬어볼까?'라는 생각 대신, 항상 자신의 한계를 넘어 더 나은 성과를 추구하십시오. 끊임없이 목표를 설정하고, 이를 이루기 위해 노력하는 자세가 필요합니다. 성취감에 안주하지 말고 지속적인 성장과 발전을 위해 끊임없이 도전하십시오. 안일함에 빠지지 않고 꾸준히 노력하는 것은 단순한 성취를 넘어 진정한 성공을 이루는 데 중요한 요소입니다. 여러분의 꿈과 목표를 위해 멈추지 않는 열정과 끈기를 유지하십시오. 이는 여러분이 원하는 성공을 이루는 데 필수적인 원동력이 될 것입니다.

제3장

시간을 효율적으로 활용하라

자신의 분야에 관한 연구와 개발에 시간을 투자하십시오. 새로운 지식을 습득하고, 자신의 역량을 강화하는 데 집중하십시오. 이는 장기적으로 볼 때 더 큰 성과와 만족을 가져다줄 것입니다.

01

가정에 충실하자

아무리 바쁘더라도 해야 할 일은 꼭 해야 합니다. 가정의 중요성을 결코 간과하지 말고 하루일과가 끝난 후에도 가족과의 시간을 소중히 여겨야 합니다. 집에 돌아와 게임을 하거나 잠을 자는 시간 중 일부라도 가족에게 할애하십시오. 1~2시간이라도 가정에 충실한다면, 가족의 행복과 안정에 큰 도움이 될 것입니다.

가정의 중요성을 강조하며, 할 일을 하면서도 가족과의 시간을 가지는 균형 잡힌 삶을 추구하십시오. 일과 가정의 조화를 이루는 것이야말로 진정한 성공의 기초입니다. 가정에 충실하는 것은 단순한 의무가 아니라 삶의 질을 높이고 마음의 안정을 가져다주는 중요한 요소입니다. 바쁜 일상 속에서도 가족과의 시간을 소중히 여기고, 그들과 함께하는 시간을 통해 진정한 행복을 느껴보십시오. 가정의 안정을 위해 노력하는 것이야말로 진정한 성공의 비결입니다.

성공은 단지 외적인 성취에 그치지 않습니다. 일과 삶의 균형을 맞추어야만, 진정한 의미의 성공을 누릴 수 있습니다. 가정은 우리가 안식처를 찾고, 다시 힘을 얻어 나아갈 수 있는 곳입니다. 가정에 충실하는 것은 우리 자신뿐만 아니라 가족 모두의 삶을 풍요롭게 만듭니다. 아무리 바쁜 일상 속에서도 가족과 함께하는 시간을 우선시하십시오. 그들과 함께 웃고, 이야기를 나누고, 소중한 추억을 만들어가십시오. 이는 단순한 휴식이 아니라 인생의 진정한 가치를 되새기는 시간이 될 것입니다. 가정의 평화와 행복은 곧 나의 평화와 행복임을 기억하십시오.

삶의 가장 큰 성공은 사랑하는 사람들과 함께 행복을 나누는 것입니다. 가정에 충실함으로써 얻어지는 안정과 기쁨은, 여러분이 그 어떤 성취보다도 값진 것이 될 것입니다. 가정의 가치를 소중히 여기고, 가족과의 시간을 통해 진정한 행복을 누리십시오. 이는 여러분의 삶에 깊은 만족과 행복을 가져다줄 것입니다.

02

절대 나라 탓하지 마라

　나라에서 해주는 것이 없다고, 세금만 많이 낸다고 불평하지 마십시오. 정책이 어떻다 저렇다 말하지 말고 내가 하는 일에 집중하는 것이 중요합니다. 세금은 당연히 내야 할 의무이고, 정책은 정부가 하는 일입니다. 불만이 있으면 직접 국회로 가서 목소리를 내십시오. 그러나 그럴 시간에 오히려 자신의 일에 더 집중하고, 정책에 맞게 사업을 조정하는 것이 더 현명합니다.

　정부와 정책에 대한 불만은 누구나 가질 수 있지만, 그것에 매몰되어 시간을 낭비하지 마십시오. 대신, 그 에너지를 자신의 일에 쏟아부으십시오. 세금은 사회의 일원으로서 감당해야 할 의무이며, 정책은 변화하는 환경 속에서 우리가 적응해야 할 요소입니다. 불만을 품기보다는, 그 시간에 자신의 일에 더욱 집중하십시오. 정책 변화에 능동적으로 대응하고, 사업을 유연하게 조정하는 것이 성공의 열쇠입니다. 자신의 에너지를 긍정적으로 활용하여, 불만보다는 해결책을 찾고, 사업의 성장을 도모하십시오.

결국, 나라 탓을 하기보다는 자신의 노력과 지혜로 문제를 해결하는 것이 더 중요합니다. 이는 개인의 성장을 촉진하고, 진정한 성공을 이루는 데 필요한 태도입니다. 나아가, 불평과 불만은 우리의 발전을 저해할 뿐입니다. 변화를 받아들이고, 그 안에서 기회를 찾는 것이 진정한 리더의 자세입니다. 나라의 정책과 법규는 우리가 통제할 수 없는 외부요인일 뿐입니다. 우리가 집중해야 할 것은 그 틀 안에서 어떻게 더 나은 결과를 만들어낼 수 있는가입니다. 위대한 성취는 불평에서 오는 것이 아니라 문제를 해결하고 새로운 길을 찾아가는 과정에서 이루어집니다. 각종 정책 변화와 세금 부담을 나의 성장 발판으로 삼으십시오. 이는 단지 의무를 다하는 것이 아니라 더 큰 성공을 향한 디딤돌이 될 수 있습니다.

마지막으로, 외부요인에 의한 좌절을 기회로 바꾸는 능력을 키우십시오. 이는 단순히 긍정적인 태도를 가지는 것을 넘어서, 창의적이고 전략적인 사고로 이어질 것입니다. 나라 탓을 멈추고, 자신의 역량을 최대한 발휘하여 주어진 환경에서 최고의 성과를 이루는 것이 진정한 성공의 길입니다. 현명한 이들은 언제나 변화를 두려워하지 않고 그 안에서 기회를 발견합니다. 여러분도 나라 탓을 하는 대신, 스스로의 능력을 믿고 자신의 일에 집중하여 성공을 이루십시오. 이는 단순히 개인의 성장을 넘어, 더 큰 사회적 기여로 이어질 것입니다.

03

코인과 주식, 도박에 시간을 낭비하지 마라

요즘 직장인들 사이에서 주식과 코인 이야기가 자주 오갑니다. 이러한 대화는 불필요한 소모전입니다. 경제학자나 금융 전문가조차 주식이나 코인의 미래를 예측하는 데 어려움을 겪습니다. 100% 정확하게 맞추는 사람은 존재하지 않습니다. 그 시간을 본인의 일에 더 집중하는 것이 훨씬 현명합니다. 주식이나 코인에 시간을 낭비하기보다는, 자신의 업무에 전념하십시오. 직장에서의 성과와 개인의 발전을 위해 더 많은 노력을 기울이는 것이 중요합니다. 경제적 불확실성을 주제로 토론하기보다는, 현재 자신의 업무에 충실하고, 지속해서 자신의 역량을 발전시키는 것이 더 나은 선택입니다.

경제적 투자보다는 자신의 전문성을 키우는 데 시간을 투자하십시오. 이는 장기적으로 볼 때 더 큰 성과와 만족을 가져다줄 것입니다. 불확실한 미래에 대한 예측에 의존하기보다는, 현재의 업무와 책임에 집중하는 것이 성공의 지름길입니다. 코인과 주식, 도박에 시간을 낭비하지 말고 자기 일에 전념하십시오. 이는 개인의 성장과 성공을 위한 필수적인 태도입니다. 자신의 업무에 충실함으로써 보다 안정적이고 지속 가능한 성과를 이룰 수 있을 것입니다.

주식 투자에 있어서도, 단기적 변동을 쫓기보다는 자신이 믿고 응원할 수 있는 기업에 장기 투자하는 것이 현명합니다. 이는 더 큰 안정성과 장기적인 수익을 가져다줄 것입니다. 따라서, 주식에 관한 관심은 장기적이고 신중한 접근이 필요합니다.

결론적으로, 경제적 유혹에 시간을 낭비하지 말고 자신의 전문성을 개발하고, 자신의 업무에 충실하십시오. 이는 여러분이 더욱 안정적이고 성공적인 미래를 구축하는 데 도움이 될 것입니다. 미래의 성공은 현재의 노력이 쌓여 이루어집니다. 주식과 코인, 도박에 시간을 허비하지 않고, 자신의 일과 목표에 전념하는 태도가 필요합니다. 꾸준한 노력과 자기계발을 통해 더욱 안정적이고 확실한 성과를 이루어 나가십시오. 경제적 유혹에 흔들리지 말고 일에 집중하며, 지속적인 성장을 이루어내십시오. 여러분의 집중과 노력이 결국 빛을 발할 것입니다.

04

시간을 효율적으로 활용하라

현대 사회에서 디지털 기기들은 우리의 일상 속 깊숙이 자리 잡았습니다. 그러나 지나치게 몰두하는 것은 큰 시간낭비 중 하나입니다. 이러한 기기들이 제공하는 오락과 정보는 일시적인 즐거움을 줄 수 있지만, 과도하게 소비될 경우에는 생산적인 활동을 저해할 수 있습니다. 이를 극복하고 그 시간을 더 유익한 활동에 투자하는 것이 중요합니다. 연구와 개발에 집중하는 것이 훨씬 더 건설적입니다.

디지털 기기에 시간을 빼앗기지 않도록 주의해야 합니다. 사소한 고민과 스트레스를 줄이는 것도 필요합니다. 예를 들어, 아침마다 무엇을 입고 나갈지 고민하는 시간은 매우 아깝습니다. 그래서 여름옷과 겨울옷을 각각 정해놓고, 같은 색상과 스타일의 옷을 여러 벌 사놓고 항상 같은 옷만 입습니다. 이렇게 하면 아침마다 스트레스와 고민을 줄일 수 있습니다. 여러분도 이런 면에서 신경을 많이 쓴다면, 성공을 위해 과감하게 변화를 시도해보십시오. 대신, 그 시간을 더 의미 있게 사용할 방법을 찾아보는 것이 중요합니다.

자신의 분야에 관한 연구와 개발에 시간을 투자하십시오. 새로운 지식을 습득하고, 자신의 역량을 강화하는 데 집중하십시오. 이는 장기적으로 볼 때 더 큰 성과와 만족을 가져다줄 것입니다. 시간을 효율적으로 관리하여 목표를 향해 꾸준히 나아가는 것이 성공의 열쇠입니다. 성공적인 미래를 위해서는 지속적인 자기계발과 성장이 필수적입니다. 이를 위해 디지털 기기 사용을 최소화하고, 그 시간을 자신을 발전시키는 데 사용할 필요가 있습니다. 자신의 분야에서 전문가가 되기 위해 꾸준히 노력하고, 끊임없이 학습하는 자세를 유지하십시오.

결론적으로, 무의미한 시간낭비를 줄이고, 그 시간을 더 의미 있게 사용하십시오. 연구와 개발에 집중하여 자신의 능력을 극대화하고, 지속적인 성장을 이루십시오. 이는 여러분이 더욱 안정적이고 성공적인 미래를 구축하는 데 큰 도움이 될 것입니다. 시간은 가장 소중한 자산입니다. 그것을 낭비하지 말고 더 나은 자신을 만들기 위해 투자하십시오. 생산적인 활동에 몰두하여 목표를 향해 한 걸음씩 나아가십시오. 여러분의 집중과 노력이 결국 빛을 발할 것입니다. 성공은 일상에서의 작은 선택과 집중된 노력으로부터 시작됩니다. 디지털 기기를 내려놓고, 자신의 꿈을 향해 나아가십시오.

"일상에서의 작은 변화가 큰 성과로 이어진다."

매일의 일상에서 디지털 기기 사용을 줄이는 작은 변화가 큰 성과로 이어질 수 있습니다. 예를 들어, 하루에 한 시간이라도 화면을 멀리하고 독서나 운동, 혹은 자기계발을 위한 시간을 가지면, 그 작은 변화가 누적되어 큰 발전을 이룰 수 있습니다. 이렇게 쌓인 작은 변화들이 결국에는 큰 변화를 만들어냅니다.

"자신을 발전시키는 데 집중하라."

성공적인 인생을 위해서는 자신을 발전시키는 데 집중해야 합니다. 이는 단순히 직업적인 성공을 의미하는 것이 아닙니다. 자신의 정신적, 신체적 건강을 돌보고, 새로운 지식을 습득하며, 개인적인 성장을 이루는 것을 포함합니다. 디지털 기기에 소비되는 시간을 줄이고, 그 시간을 자신을 발전시키는 데 사용하십시오. 이를 통해 더 나은 자신을 만들어갈 수 있습니다.

"집중과 노력이 빛을 발할 것이다."

여러분의 집중과 노력이 결국에는 빛을 발할 것입니다. 매일 꾸준히 자신의 목표를 향해 나아가면, 그 노력은 반드시 성과로 이어질 것입니다. 디지털 기기를 내려놓고, 자신의 꿈을 향해 나아가십시오. 그 작은 선택과 집중된 노력이 결국 여러분을 성공으로 이끌 것입니다.

시간은 가장 소중한 자산입니다. 이를 낭비하지 말고 생산적인 활동에 몰두하여 목표를 향해 꾸준히 나아가십시오. 디지털 기기의 유혹을 이겨내고, 자신을 발전시키는 데 집중하십시오. 그리하여 더 나은 자신을 만들어가고, 더욱 안정적이고 성공적인 미래를 구축해 나아가길 바랍니다.

05

실행력의 중요성

성공한 사람들의 공통점은 그들이 단순히 말만 하는 것이 아니라 실제로 행동에 옮긴다는 점입니다. 몇 달 뒤에 보면 그들은 이미 실행에 옮기고, 그 결과를 바탕으로 더 큰 성과를 이루고 있습니다. 반면, 말만 하고 실행하지 않는 사람들은 실질적인 경험을 쌓지 못하고 제자리걸음만 반복하게 됩니다.

실행력은 성공의 핵심요소입니다. 아무리 훌륭한 아이디어와 계획이 있어도 그것을 행동으로 옮기지 않으면 아무런 의미가 없습니다. 진정한 성과는 말이 아닌, 행동에서 나옵니다. 실행하지 않는 사람들은 새로운 경험을 쌓을 기회를 놓치고, 그로 인해 성장을 멈추게 됩니다. 반대로, 실행을 통해 얻은 경험은 더 나은 결과를 도출하는 밑거름이 됩니다. 성공적인 사람들은 항상 계획을 세우고, 그 계획을 구체적인 행동으로 옮깁니다. 그들은 실행을 통해 끊임없이 배우고, 개선하며, 성장합니다.

실행력은 단순히 행동하는 것을 넘어서, 지속적인 발전과 성장을 위한 필수적인 과정입니다. 이는 도전과 실패를 두려워하지 않고, 목표를 향해 꾸준히 나아가는 자세를 요구합니다. 말만 하는 사람들은 이론에 머물러 있지만, 실행하는 사람들은 실제로 변화와 성장을 경험합니다. 실행력을 통해 우리는 이론을 현실로 바꾸고, 아이디어를 구체적인 성과로 전환할 수 있습니다. 따라서, 실행하지 않는 것은 곧 성장을 멈추는 것과 같습니다.

결론적으로, 실행력은 말 이상의 가치를 지닙니다. 진정한 성공을 위해서는 생각과 계획을 행동으로 옮겨야 합니다. 이는 경험을 쌓고 목표를 달성하는 데 있어 가장 중요한 요소입니다. 성공을 꿈꾼다면, 말이 아닌 행동으로 보여주십시오. 작은 행동 하나가 큰 변화를 끌어낼 수 있으며, 그 변화가 쌓여 진정한 성공을 이룰 수 있습니다. 실행력을 통해 자신의 가능성을 극대화하고, 목표를 달성하는 데 필요한 모든 것을 경험하십시오. 이는 여러분의 삶을 풍요롭게 하고, 지속 가능한 성장을 이루는 데 큰 도움이 될 것입니다.

06

손해 보는 사람이 없도록 하라

　사업을 할 때, 손해 보는 사람이 없도록 하는 것이 매우 중요합니다. 이는 성공적인 사업 운영의 핵심원칙 중 하나입니다. 예를 들어, 저는 마케팅에 누구보다 자신이 있습니다. 이 마케팅 기술을 활용해 식당을 운영하는 대표님을 도와드리며, 그에 대한 보상을 받습니다. 손님은 맛있는 한 끼를 즐길 수 있어 행복합니다. 이 상황에서 손해를 본 사람은 아무도 없습니다. 모두가 이익을 볼 수 있는 구조를 만들어야 지속 가능한 성장이 가능합니다.

　사업을 계획하고 실행할 때, 모든 이해관계자가 공정하게 대우받고 이익을 얻을 수 있도록 해야 합니다. 고객, 직원, 파트너, 투자자 등 모든 관련자가 만족할 방안을 모색하는 것이 중요합니다. 이는 사업의 신뢰도를 높이고 장기적인 성공을 보장하는 데 필수적입니다. 공정하고 투명한 비즈니스 관행을 유지하는 것은 손해 보는 사람이 없는 사업을 실현하는 데 중요한 역할을 합니다. 모든 거래와 계약에서 정직하고 투명하게 행동하며, 약속을 지키는 자세가 필요합니다. 이는 신뢰를 구축하고, 지속적인 협력 관계를 유지하는 데 도움이 됩니다.

손해 보는 사람이 없는 사업 모델을 구축하기는 쉽지 않지만, 그것이야말로 진정한 성공의 길입니다. 모든 이해관계자가 만족할 수 있는 구조를 만들어야만 지속 가능한 성장을 이룰 수 있습니다. 이는 단기적인 이익을 넘어, 장기적인 성공과 번영을 가져다줄 것입니다.

결론적으로, 손해 보는 사람이 없는 사업을 목표로 하십시오. 모든 이해관계자가 이익을 얻고 만족할 수 있는 공정하고 투명한 비즈니스 관행을 유지하는 것이 중요합니다. 이는 신뢰를 구축하고, 지속 가능한 성장을 이루는 데 필수적인 요소입니다.

손해를 보는 사람이 없는 이상적인 사업 구조는 신뢰를 바탕으로 합니다. 신뢰는 공정함과 투명성에서 비롯되며, 이는 사업 운영의 근간이 되어야 합니다. 고객이 만족하고, 직원이 자부심을 느끼며, 파트너와 투자자가 신뢰할 수 있는 환경을 조성하는 것이야말로 진정한 성공을 이끄는 길입니다. 이러한 구조를 통해 우리는 단순한 이익을 넘어 모든 이해관계자가 함께 성장하는 지속 가능한 비즈니스를 구축할 수 있습니다. 이는 곧 장기적인 번영과 성공을 가져다줄 것입니다. 사업의 모든 측면에서 공정함과 투명성을 유지하며, 손해 보는 사람이 없는 비즈니스 모델을 목표로 삼으십시오. 이는 여러분의 사업이 더욱 신뢰받고, 지속 가능한 성장을 이루는 데 필수적인 요소가 될 것입니다.

07

나와 맞는 사람을
찾는 것은 쉽지 않다

협력업체를 찾는 일은 겉보기에는 쉬워 보이지만, 실제로는 매우 어려운 과정입니다. 인생은 예측할 수 없는 흥미로운 여정입니다. 어디서 어떻게 시작되고, 누구를 만나게 될지는 아무도 알 수 없습니다. 그러나 열심히 노력하다 보면 우연히 좋은 파트너를 만나게 될 것입니다. 외주업체를 열심히 구해 10명의 사람을 찾았다고 가정해봅시다. 그러나 이들 모두가 나와 맞지 않고, 노력한 것에 비해 성과를 내지 못한다고 해서 이 사업이 안 된다고 판단하지 마십시오. 20명, 100명까지 시도하다 보면 분명히 나와 잘 맞는 한 명을 찾을 수 있습니다. 그 사람이 진정한 파트너가 되어 앞으로 큰 성과를 가져다줄 것입니다.

성공적인 파트너십을 찾는 과정은 결코 쉽지 않지만, 포기하지 않고 계속 시도하는 것이 중요합니다. 적합한 파트너를 찾기 위해 끊임없이 노력하고 탐색하십시오. 결국에는 당신의 비전과 일치하는 이상적인 파트너를 만나게 될 것입니다. 인생의 재미는 이러한 예측 불가능한 만남과 협력에서 나옵니다. 실패를 두려워하지 말고 계속해서 새로운 사람을 만나고 협력의 기회를 모색하십시오. 그 과정에서 진정한 파트너를 만나게 되고, 함께 큰 성과를 이룰 수 있을 것입니다.

결론적으로, 포기하지 말고 더 많은 파트너를 찾아보십시오. 인내와 끊임없는 노력은 결국 당신에게 성공과 만족을 안겨줄 것입니다. 협력업체를 찾는 일이 어렵더라도, 그 과정에서 얻는 경험과 교훈은 무척 가치 있는 자산이 될 것입니다. 이상적인 파트너를 찾는 여정은 쉽지 않지만, 그 여정이 가져다주는 성취와 기쁨은 이루 말할 수 없습니다. 나와 맞는 사람을 찾는 것은 궁극적으로 성공의 열쇠입니다. 꾸준한 노력과 탐색을 통해 비전과 가치를 공유하는 진정한 동반자를 찾으십시오. 이는 단순한 비즈니스 관계를 넘어, 함께 성장하고 발전할 수 있는 동반자 관계를 의미합니다. 이와 같은 동반자를 찾는 일은 어렵지만, 그 가치와 보람은 그 무엇과도 비교할 수 없습니다.

따라서, 실패를 두려워하지 말고 끊임없이 새로운 협력의 기회를 모색하십시오. 당신의 열정과 노력이 결국 이상적인 파트너를 만나게 할 것이며, 함께 큰 성과를 이루는 데 도움이 될 것입니다. 인내와 꾸준한 노력이 결국 당신에게 성공과 만족을 안겨줄 것입니다.

08

당장 돈이 많다고 해서
낭비하지 마라

인생은 예측할 수 없는 변수로 가득 차 있습니다. 현재 부자라고 해서 좋은 차를 타고, 비싼 음식을 먹으며, 노후 준비 없이 당장의 행복을 물질에서만 찾으려 한다면, 과연 평생 안정적인 삶을 살 수 있을까요? 지금 가진 것을 아끼고 현명하게 사용하며, 노후를 편하게 준비하는 것이 중요합니다. 사람들은 40대까지는 비슷해 보일지 모르지만, 50대가 넘어가면 열정도 떨어지고, 젊은 사람들만큼 머리 회전 속도도 빨라지지 않습니다. 그때 분명히 위기가 찾아오고, 힘든 시기가 올 수 있습니다. 이는 세상의 자연스러운 이치입니다.

 나이를 먹을수록 이러한 현실을 직시해야 하지만, 젊

은 시절에는 이런 생각 없이 당장의 즐거움만을 찾는 사람들이 많습니다. 나중에 진정 여유로운 삶과 편안한 안식처를 원한다면, 그리고 가족과 함께 과거의 행복했던 이야기를 나눌 수 있는 스토리가 있는 삶을 원한다면, 지금 당장의 소비를 자제하고 미래를 준비하는 것이 필요합니다. 젊은 시절의 현명한 재정관리는 나중에 큰 자산이 될 것입니다. 과거의 무절제한 소비는 미래의 불안을 야기할 수 있습니다. 미래를 위해 현재의 행복을 잠시 미루는 것은 어렵지만, 이는 진정한 승자의 삶을 만들어가는 과정입니다. 지금부터 철저한 계획과 준비가 필요합니다. 당장의 행복을 위해 돈을 낭비하는 대신, 미래를 위한 투자를 통해 장기적인 안정을 도모해야 합니다.

경제적 안정은 단순히 부유함을 넘어서 마음의 평화를 제공합니다. 지금 당장의 소비를 자제하고, 철저한 재정관리를 통해 미래를 대비하십시오. 이는 단순한 재정관리 이상으로, 진정한 승자의 삶을 만들어가는 과정입니다. 미래의 행복과 안정을 위해 현재의 작은 즐거움을 포기하는 것이 얼마나 큰 의미가 있는지 깨닫게 될 것입니다.

결론적으로, 당장의 행복을 위해 돈을 낭비하지 마십시오. 인생의 변수를 대비하여 철저히 준비하고, 미래의 안정된 삶을 위해 지금부터 계획을 세우는 것이 중요합니다. 이는 단순한 재정관리 이상으로, 진정한 승자의 삶을 만들어가는 과정입니다. 현명한 재정관리와 미래를 위한 준비가 여러분의 인생을 더욱 풍요롭고, 안정되게 만들어 줄 것입니다.

따라서, 현재의 재정을 지혜롭게 관리하고, 미래를 위한 탄탄한 계획을 세우십시오. 이는 여러분이 진정한 승자의 삶을 살아가는 데 있어 필수적인 요소입니다. 지금의 노력과 절제가 미래의 큰 보상을 가져다줄 것입니다.

09

1년 전의 내 모습을
돌이켜보라

　1년 전의 내 모습을 돌아보며 '그땐 왜 그랬지?'라는 생각이 든다면, 이는 당신이 성장하고 있다는 증거입니다. '왜 1년 전에는 이런 생각을 못했을까?' 또는 '이런 획기적인 방법이 있었는데 왜 몰랐을까?'라는 자문은 오히려 당신이 점점 발전하고 있음을 보여줍니다. 자신의 과거를 되돌아보며 현재의 자신이 더 나아졌음을 깨닫는 것은 중요한 성장의 지표입니다. 이는 당신이 배우고, 변화하고, 더 나은 결정을 내릴 수 있는 능력을 키워가고 있다는 의미입니다.

　과거의 실수나 부족함을 인식하고, 그로부터 교훈을 얻는 과정은 누구나 거쳐야 할 중요한 단계입니다. 이러한 자기 성찰은 성장을 촉진하고, 앞으로 나아갈 방향을 명확하게 설정하는 데 도움을 줍니다. 1년 전과 비교하여 지금의 자신이 더 현명하고, 더 나은 방법을 찾아냈다면, 이는 긍정적인 발전의 신호입니다. 발전은 시간이 걸리며, 스스로의 성장을 인식하고 자부심을 가질 필요가 있습니다. 꾸준한 노력과 자기 성찰을 통해 이루어지는 성장은 우리의 삶을 더 나은 방향으로 이끌어줍니다.

과거의 자신과 비교했을 때, 현재의 자신이 얼마나 발전했는지를 인식하는 것은 매우 중요한 일입니다. 이는 우리가 올바른 방향으로 나아가고 있음을 확인시켜 줍니다. 자신의 성장을 인식하고, 이를 바탕으로 더욱 나아가려는 노력이 필요합니다.

결론적으로, 1년 전의 자신과 비교하여 발전을 느낀다면, 이는 올바른 방향으로 나아가고 있다는 증거입니다. 자신을 꾸준히 돌아보고 배움의 자세를 유지하며, 끊임없이 발전해 나가십시오. 이는 진정한 성장을 이루는 데 필수적인 태도입니다. 과거의 실수와 부족함을 통해 배우고, 그것을 발판 삼아 앞으로 나아가는 길에 성공이 기다리고 있습니다.

따라서, 자신을 돌아보고, 끊임없이 배우고 발전해 나

가는 자세를 유지하십시오. 이는 단순한 자기 성찰을 넘어, 지속적인 성장을 이룩하는 데 중요한 요소입니다. 자신에게 더욱 자부심을 갖고 앞으로도 꾸준한 발전을 위해 노력하십시오. 그 과정에서 얻는 모든 경험과 지식은 당신을 더욱 빛나게 할 것입니다.

제4장
자신의 능력을 키워라

자신의 분야에서 뛰어난 실력을 갖추고, 끊임없이 자기계발을 통해 성장하는 사람이 진정한 성공을 이룰 수 있습니다. 능력 있는 사람들은 자신과 비슷한 수준의 사람들과 어울리고 싶어 하므로, 자신의 능력을 키우는 것은 매우 중요합니다.

01

도전과 실패를 통해
성공 확률을 높여라

    최근 한 박람회에 다녀온 후, 제게 중요한 깨달음이 찾아왔습니다. 그곳에서는 다양한 업체들이 저마다의 사업 아이템을 선보이고 있었습니다. 흥미로운 점은, 많은 업체가 제가 이미 생각하고 시도했지만 실패를 경험했던 아이템들을 내놓고 있었다는 것입니다. 그들이 도전하는 모습은 인상적이었으나, 저는 그들을 보며 한 가지 확신을 얻었습니다. 저는 이미 그들보다 앞서 있다는 것입니다.

    나이와 경력보다 중요한 요소가 있습니다. 그것은 바로 '경험'입니다. 누가 더 많이 경험해보았느냐가 성공의 중요한 요소입니다. 이미 실패를 통해 많은 경험을 쌓아온 사람은 그 경험을 바탕으로 문제점을 보완하고 새로운 아이템을 찾아낼 수 있습니다. 더 효율적이고 합리적인 아이템을 발굴하는 데 있어 경험은 필수적입니다.

박람회에서 저는 다양한 시도를 통해 쌓아온 경험이 얼마나 중요한지 다시 한번 깨달았습니다. 경험은 단순한 실패를 넘어, 새로운 아이템을 개발하고 개선하는 데 필수적인 자산입니다. 여러 번의 실패를 통해 얻은 통찰력과 지식은 성공 확률을 크게 높여줍니다. 따라서, 도전과 실패를 두려워하지 말고 다양한 시도를 통해 경험을 쌓아 나가십시오. 실패를 통해 배운 교훈을 바탕으로 더 나은 방법을 찾아내고, 새로운 아이템을 개발하십시오. 이는 사업 성공의 확률을 높이는 데 큰 도움이 될 것입니다. 성공을 위해 끊임없이 도전하고 배우는 자세를 유지하십시오.

결론적으로, 경험은 성공의 중요한 열쇠입니다. 많은 도전과 실패를 통해 얻은 경험은 새로운 기회를 찾고, 이를 성공으로 이끄는 데 필수적입니다. 항상 도전하고, 실패를 두려워하지 말며, 그 경험을 통해 끊임없이 발전하십시오. 이를 통해 여러분은 더 높은 성공 확률을 달성할 수 있을 것입니다. 이와 같은 경험의 중요성을 명심하십시오. 실패를 거듭하더라도, 그 속에서 배운 교훈은 결코 헛되지 않습니다. 오히려 그것은 여러분을 더 강하게 만들고, 더 나은 방향으로 나아갈 수 있게 도와줍니다. 도전과 실패는 성공의 밑거름이며, 그 과정을 통해 얻은 경험은 무한한 가치를 지니고 있습니다. 이 내용을 통해 여러분이 끊임없이 도전하며 성장하는 데 큰 도움이 되기를 바랍니다.

02

자신의 능력을 키워라

많은 사람은 부자클럽이나 상위 1% 모임에 참석하면 성공할 확률이 높아진다고 생각합니다. 그러나 저는 이에 대해 다른 견해를 가지고 있습니다. 내가 잘하고 내가 성공하면 그런 사람들이 저를 찾게 되고 저를 필요로 하게 됩니다. 따라서 자신의 능력을 키우는 것이 무엇보다 중요합니다. 자신의 능력을 키우면 자연스럽게 능력 있는 사람들이 주변에 모이기 마련입니다.

이는 단순히 부자클럽이나 상위 1% 모임에 참석하는 것보다 훨씬 더 강력한 성공 전략입니다. 자신의 분야에서 뛰어난 실력을 갖추고, 끊임없이 자기계발을 통해 성장하는 사람이 진정한 성공을 이룰 수 있습니다. 능력 있는 사람들은 자신과 비슷한 수준의 사람들과 어울리고 싶어 하므로, 자신의 능력을 키우는 것은 매우 중요합니다.

성공은 외부의 환경이나 사람들에 의해 결정되는 것이 아닙니다. 자신의 능력을 키우고, 끊임없이 노력하는 과정에서 자연스럽게 성공이 따라옵니다. 능력 있는 사람들은 자신과 비슷한 수준의 사람들과 어울리고 싶어 하므로, 자신의 능력을 키우는 것은 매우 중요합니다. 자기계발을 통해 끊임없이 성장하는 사람에게는 기회가 찾아옵니다. 그 기회는 능력 있는 사람들이 당신을 찾게 만드는 자석과도 같습니다.

따라서, 외부의 환경에 의존하기보다는, 자기 자신을 발전시키고 성장하는 데 집중하십시오. 그러면 자연스럽게 능력 있는 사람들과의 네트워크가 형성되고, 더 큰 성공을 이룰 수 있을 것입니다. 자기계발과 끊임없는 노력이야말로 진정한 성공으로 가는 길입니다.

결론적으로, 자신의 능력을 키우는 것이 성공의 열쇠입니다. 자신의 실력을 인정받고, 진정한 가치를 발휘하기 위해 끊임없이 노력하십시오. 이는 단기적인 성공을 넘어, 장기적인 성장과 번영을 이끄는 중요한 요소입니다. 능력 있는 사람들과의 만남은 그들의 모임에 참석한다고 해서 이루어지는 것이 아니라 내가 그들만큼 또는 그들보다 더 뛰어난 능력을 갖추었을 때 자연스럽게 이루어집니다.

자신의 능력을 최대한으로 개발하고, 계속해서 새로운 도전에 임하십시오. 이는 여러분의 삶을 풍요롭게 하고, 진정한 성공을 이루는 데 가장 확실한 방법입니다. 능력은 스스로 만들어가는 것이며, 그 과정에서 얻게 되는 모든 경험과 지식은 여러분의 가장 큰 자산이 될 것입니다.

03

사업의 고정지출을 최소화하라

사업을 운영할 때, 고정지출을 최소화하는 것은 성공적인 경영의 핵심입니다. 많은 이들은 직원을 한두 명 더 고용하면 업무효율이 크게 향상되리라 생각합니다. 하지만 실제로 직원을 채용하면 여러 가지 예기치 않은 문제에 직면하게 됩니다. 이는 결국, 그 직원을 해고하고 싶은 상황에 이르게 될 수 있습니다.

현대 사회에서는 1인 사업자가 점점 더 많아지고 있습니다. 이 트렌드를 활용하여, 직원 대신 협력 파트너와 함께 사업을 운영하는 것은 어떨까요? 협력 파트너와 인센티브제를 도입하여 성과에 따라 보상을 나누는 방식은 고정지출을 줄이는 동시에 동기부여를 높일 수 있는 효과적인 방법입니다.

고정지출을 최소화하면서도 효율적인 운영을 위해서는 유연한 협력방식을 도입하는 것이 좋습니다. 필요한 업무를 외주로 맡기거나, 프로젝트 단위로 협력 파트너를 모집하여 인센티브제로 운영할 수 있습니다. 이는 사업의 유동성을 높이고, 비용 효율성을 극대화하는 데 큰 도움이 됩니다.

예를 들어, 특정 프로젝트를 위해 전문성을 가진 외부 전문가와 협력하거나, 필요한 업무를 프리랜서에게 맡기는 방식은 고정 인건비를 줄이고, 필요에 따라 인력을 조정할 수 있는 유연성을 제공합니다. 이렇게 함으로써, 고정지출의 부담을 줄이고 사업의 재정 건전성을 높일 수 있습니다.

결론적으로, 사업의 고정지출을 최소화하고, 유연한 협력방식을 통해 운영하는 것이 현명한 전략입니다. 협력 파트너와의 인센티브제를 도입하여 성과에 따른 보상을 제공함으로써 동기부여를 높이고, 사업의 효율성을 극대화하십시오.

이는 안정적이고 지속 가능한 사업 운영에 큰 도움이 될 것입니다. 고정지출을 최소화하고 유연성을 극대화하는 경영전략은, 급변하는 비즈니스 환경에서 경쟁력을 유지하는 데 필수적입니다. 이러한 접근방식은 단기적인 비용절감을 넘어, 장기적으로 사업의 생존과 번영을 보장하는 중요한 요소입니다. 고정지출을 줄이고, 필요에 따라 유연하게 대응할 수 있는 구조를 만들어 나가십시오. 이는 사업의 안정성과 성장 가능성을 극대화하는 데 핵심적인 역할을 할 것입니다.

04

실패해도 끊임없이 노력하고 즐겨라

"즐기는 사람은 이길 수 없다"라는 말이 있습니다. 사업을 하다 보면 힘든 시기가 빠르면 매년, 아니면 3년에 한 번씩 꼭 찾아옵니다. 이러한 고비를 피하려고 하지 마십시오. 오히려 그 해결과정에서 사업의 진정한 재미와 성취를 느낄 수 있습니다. 사업에서 중요한 것은 문제가 발생했을 때 해결책을 찾는 것입니다. "답이 없다"라는 말은 금물입니다. 답이 없는 사업은 없습니다. 어떻게든 연구하고 과감하게 변화를 시도하십시오. 해답은 반드시 존재합니다.

문제가 발생하면 그 문제를 철저히 분석하고, 새로운 방법을 찾아내는 과정에서 진정한 배움과 성장이 이루어집니다. 이러한 도전과 해결과정이야말로 사업의 진정한 재미입니다. 실패를 두려워하지 말고 실패 속에서 배우고 즐기십시오. 이러한 과정은 사업을 더욱 탄탄하게 만들고, 당신을 더욱 강하게 할 것입니다. 성공한 사람들을 보면, 그들은 항상 실패를 두려워하지 않고 끊임없이 도전하며, 그 과정에서 얻은 경험과 지식을 바탕으로 더욱 강력한 사업체를 만들어냅니다. 실패를 통해서 배우고, 성장하며, 더욱 창의적인 해결책을 찾아내는 과정은 사업의 핵심입니다.

결론적으로, 실패를 두려워하지 말고 끊임없이 노력하며 사업의 모든 과정을 즐기십시오. 답이 없는 문제는 없습니다. 항상 해답을 찾을 수 있다는 긍정적인 마음가짐과 끊임없는 노력으로 성공에 도달할 수 있습니다. 사업에서의 도전과 해결 과정을 즐기면서 지속적인 성장을 이루어 나가십시오. 실패를 두려워하지 않고, 그 과정을 진정으로 즐길 수 있을 때, 당신은 진정한 성공을 향해 나아갈 수 있습니다.

이는 단순한 문제 해결을 넘어, 사업을 통해 삶의 의미와 가치를 발견하는 여정입니다. 끊임없는 노력과 도전으로 얻은 경험은 그 무엇과도 바꿀 수 없는 소중한 자산입니다. 그러므로, 실패를 겁내지 말고 모든 과정을 즐기며, 그 속에서 배우고 성장하십시오. 이 길이 바로 진정한 성공으로 가는 길입니다.

05

누가 돈 많이 벌더라?
나도 해볼까?

흔히 사람들은 "누가 어디서 고깃집을 하는데 대박이 났더라" 혹은 "누가 이번에 사업을 시작했는데 잘 된다더라"라는 말을 많이 합니다. 하지만 이런 말들에 동요하지 마십시오. 그 사람들도 많은 연구와 노력을 통해 자신만의 노하우를 쌓아 성공을 이룬 것입니다. 성공은 단순히 다른 사람의 결과를 모방한다고 해서 쉽게 얻어지는 것이 아닙니다.

그 사람의 성공 뒤에는 수많은 시행착오와 깊은 연구, 그리고 끊임없는 노력이 숨어 있습니다. 따라서 겉으로 보이는 성공에만 주목하지 말고 그 이면에 있는 과정과 노력을 이해하는 것이 중요합니다.

자신에게 맞는 아이템을 찾아보십시오. 다른 사람의 성공 사례를 무조건 따라 하기보다는, 자신의 성향과 능력, 그리고 관심사를 고려하여 적합한 사업 아이템을 선택하는 것이 중요합니다. 자신만의 강점을 최대한 활용할 수 있는 분야를 찾아 집중적으로 연구하고 개발하십시오. 진정한 성공은 자신의 내면에서 시작됩니다. 타인의 성공을 부러워하기보다는, 자신의 고유한 잠재력과 열정을 발견하고 그것을 발전시키는 데 집중하십시오. 이는 지속 가능한 성공을 이루는 데 중요한 요소입니다. 다른 사람의 성과에 휘둘리지 말고 자기 자신만의 독창적인 길을 개척하십시오.

결론적으로, 다른 사람의 성공에 휘둘리지 말고 자신의 길을 찾으십시오. 많은 연구와 노력을 통해 자신에게 맞는 아이템을 선택하고, 그 아이템에 전념하십시오. 이는 지속 가능한 성공을 이루는 데 중요한 요소입니다. 자기 자신에게 맞는 길을 찾아 끊임없이 노력하면, 결국 성공에 도달할 수 있을 것입니다.

한 사람의 성공 뒤에는 항상 보이지 않는 수많은 노력이 존재합니다. 당신도 마찬가지로, 꾸준한 노력과 끈기, 철저한 준비를 통해 자신만의 성공 스토리를 만들어 나가십시오. 진정한 성공은 다른 사람의 발자취를 좇는 것이 아니라 자신의 발자취를 새롭게 만들어가는 과정입니다. 따라서, 다른 이들의 성공 사례를 참고하면서도 자신만의 독창적인 전략과 아이디어를 개발하십시오.

이는 당신을 진정한 리더로 만들어줄 것이며, 장기적인 성공을 이루는 데 큰 도움이 될 것입니다. 끊임없는 자기계발과 독창성을 바탕으로 자신만의 성공을 향해 나아가십시오.

06

새벽 5시에 출근해도 기쁘다

마이크 타이슨은 새벽 운동의 중요성을 강조하며, 어두운 새벽 4시에 길을 나서는 이유에 대해 이렇게 설명했습니다.

"아무도 이렇게 이른 시간에 일어나서 뛰고 싶어 하지 않는다. 하지만 나는 해야 한다. 내가 이렇게 일찍 일어나는 유일한 이유는 다른 사람들이 하지 않기 때문이다."

그는 또한 새벽에 술 취한 사람들을 보며 자신이 얼마나 앞서 있는지를 느끼고 우월감을 느낀다고도 했습니다. 저 역시 새벽 5시에 출근하면서 비슷한 감정을 느낍니다. 누구보다 시간을 효율적으로 활용하고, 누구보다 더 앞서 나가고 있다는 생각이 저를 기쁘게 만듭니다. 새벽 시간은 고요하고 집중하기에 최적의 시간입니다. 비록 출근길에

차가 막히더라도, 그 시간은 저에게 깊이 생각할 기회를 줍니다. 이렇게 일찍 일을 시작하면 하루를 더 효율적으로 보낼 수 있습니다. 다른 사람들이 아직 잠들어 있는 시간에 나는 이미 하루를 시작하고 있다는 생각이 저를 더욱 동기부여하게 만듭니다.

이러한 마인드로 하루를 시작해보십시오. 새벽에 일찍 일어나 출근하는 것은 단순히 일찍 출근하는 것 이상의 의미를 지닙니다. 이는 자기 자신에게 투자하고, 자신의 목표를 향해 한 걸음 더 나아가는 시간입니다. 누구보다 앞서 나가는 느낌을 통해 하루를 더 열정적으로 시작할 수 있습니다. 작은 생각의 차이가 당신을 고통 속에서 헤매게 할 수도, 행복과 열정을 안겨줄 수도 있습니다.

결론적으로, 새벽 출근은 기쁨의 원천이 될 수 있습니다. 시간을 효율적으로 활용하고, 자신이 더 앞서 나가고 있다는 느낌을 받을 때, 일에 대한 만족도와 성취감이 높아집니다. 이러한 마인드를 가지면, 매일의 출근이 기쁨으로 가득 찰 것입니다. 새벽 시간을 활용해 하루를 시작하는 것은 자기 자신에게 투자하는 최고의 방법입니다. 여러분도 이러한 마인드를 가지면 매일의 출근이 기쁨으로 가득 찰 것입니다. 새벽의 고요한 시간 속에서 하루를 준비하며, 목표를 향해 한 발짝 더 나아가는 자신을 발견할 수 있을 것입니다. 이는 곧 삶의 질을 높이는 지름길이며, 보다 의미 있는 하루를 만드는 열쇠가 될 것입니다.

대부분 직장인은 아침이 되면 더 자고 싶다는 생각으로 하루를 시작합니다. 지금 이 글을 쓰고 있는 시간은 아침 5시 30분입니다. 새벽 5시에 시작해서 오후 4시에 딸 어린이집을 가려면 하루 11시간밖에 일을 하지 못합니다. 그래서 눈을 뜨자마자 설레는 마음으로 출근 준비를 합니다. 이른 아침 시간이 아니면 책을 쓸 수 있는 시간이 없기 때문입니다. 책을 쓰고, 광고를 관리하고, 신규 광고 문의를 받고, 연구하고, 책을 읽고, 딸의 어린이집에 데려다주고, 놀아주는 일정을 소화해야 하기 때문에 새벽에 가족들이 모두 잠들어 있을 때 나오는 것이 유일한 시간 활용법입니다. 늦게 나오면 오후에 아이와 함께 보낼 수 있는 시간이 줄어들기 때문에 이른 기상을 선택한 것입니다.

저는 항상 아내와 함께 딸을 어린이집에 데리러 가는 것을 하루 중 가장 큰 행복으로 여깁니다. 아무리 바빠도 이 약속은 지키려고 노력합니다. 하루 24시간은 너무나 짧게 느껴집니다. 혹시 하루를 지루하게 보내고 있나요? 하루는 지루할 틈이 없습니다. 하루의 스케줄을 다시 검토

하고 활기차게 하루를 시작하는 마인드를 가지길 바랍니다. 이렇게 바쁜 일상 속에서도 자신만의 시간을 찾아내고, 하루를 충실하게 보내는 방법을 모색하는 것이 중요합니다. 시간을 효율적으로 활용하고, 매 순간을 소중히 여기며 살아간다면, 하루의 짧음을 느끼면서도 풍요롭고 의미 있는 삶을 살아갈 수 있을 것입니다.

이제 새벽 5시의 출근은 단순한 업무 시작을 넘어, 나를 위한 투자이자 발전의 시간으로 다가옵니다. 하루의 첫 시작을 누구보다 앞서 나가는 느낌과 함께 시작해보십시오. 그것이 여러분의 삶에 가져다줄 긍정적인 변화를 경험하게 될 것입니다. 자신의 성장과 성공을 위해, 이른 아침의 고요함 속에서 새로운 도전을 시작하십시오. 이는 여러분의 삶을 더욱 풍요롭고 의미 있게 만들어줄 것입니다.

이제, 여러분도 새벽의 힘을 느껴보십시오. 새벽 5시의 출근이 단순한 업무의 시작이 아닌, 내일을 준비하는 투자이자 자신을 한 단계 성장시키는 기회임을 깨달으십시오. 이런 생각이 여러분의 삶을 어떻게 변화시킬지 기대하십시오. 이는 단순한 습관 이상의 변화를 가져다줄 것입니다. 여러분의 열정과 헌신이야말로 그 가치를 증명해줄 것입니다.

07

길을 잃은 세대
(도박과 허상에서 벗어나
진정한 성장을 향해)

최근 몇 년간 우리는 코인, 단타성 주식, 게임, 도박에 중독된 사람들을 많이 보아왔습니다. 그들은 결국 나이만 먹고 후회하게 될 것입니다. 남들이 열심히 도전하고 경험을 쌓아가는 동안, 이들은 순전히 돈을 따기 위해 차트만 바라보며 그것에만 몰두합니다. 하지만 그렇게 해도 결국 남는 것은 아무것도 없습니다. 이러한 사람들을 보며 저는 오히려 안도감을 느낍니다. 그만큼 제 경쟁 상대가 줄어들기 때문입니다. 그런 사람들은 저를 따라올 수도 없고, 제가 생각하는 10분의 1도 성장하지 못합니다. 그들은 하루 종일 모니터와 핸드폰 화면에 갇혀 오르고 내리는 차트만

보며 허송생활을 보내고 있는 것입니다.

지금이라도 그만두고 자신의 성장에 힘쓰십시오. 그것만이 나중에 부자가 될 수 있는 길입니다. 결국, 코인이나 주식으로 번 돈은 코인이나 주식으로 잃을 것입니다. 저는 오히려 이런 상황을 보며 자신을 더욱 다잡게 됩니다. 그들은 차트 속 숫자에 몰두하며, 진정한 성장을 외면하고 있습니다.

도박과 같은 투기적인 행위는 일시적인 쾌락을 줄 수 있지만, 그 끝은 언제나 참담합니다. 차트의 오르내림에 일희일비하며 하루를 보내는 대신, 진정한 가치를 창출하는 데 집중하는 것이 중요합니다. 자신의 성장을 위해 시간을 투자하고, 의미 있는 경험을 쌓아가는 것이야말로 진정한 부를 쌓는 길입니다. 많은 사람이 빠져드는 코인과 주식, 그리고 도박의 세계는 결국 허망한 결과를 낳습니다. 이러한 행위들은 진정한 성취감을 주지 못하고, 오히려 삶의 질을 떨어뜨립니다.

성공은 결코 쉽게 오지 않으며, 꾸준한 노력과 성실함이 뒷받침되어야 합니다. 자신의 능력과 가치를 높이기 위해 꾸준히 노력하십시오. 단기적인 이익에 집착하기보다는 장기적인 목표를 세우고, 그것을 달성하기 위한 계획을 세우는 것이 중요합니다. 자기계발을 통해 쌓은 지식과 경험은 결코 배신하지 않습니다.

결국, 코인이나 주식으로 번 돈은 다시 그곳으로 흩어질 것입니다. 진정한 부자는 이러한 유혹에 흔들리지 않고, 자신의 길을 꾸준히 걸어가는 사람입니다. 지금 이 순간에도 성장의 기회를 놓치지 마십시오. 그만큼 당신의 미래는 밝아질 것입니다. 타인의 실패를 보며 안도감을 느끼기보다는, 자신의 성공을 위해 노력하는 것이 진정한 승리입니다.

지금이라도 코인과 주식의 유혹에서 벗어나, 진정한 성장의 길로 나아가십시오. 그것만이 당신을 부자로 만들 수 있는 유일한 길입니다. 지속적인 자기 발전과 목표를 향한 끊임없는 도전이야말로 진정한 부와 행복을 가져다줄 것입니다. 한순간의 유혹을 이겨내고, 자신에게 투자하십시오. 길을 잃지 않고, 진정한 가치를 창출하는 삶을 선택하십시오. 그 길이 바로 진정한 부와 성공으로 향하는 길입니다.

08

진정한 경험
(도전과 실패를 통한 성장)

　현대의 많은 젊은이는 해외여행을 통해 경험을 쌓고자 합니다. 물론, 이는 분명 좋은 경험일 수 있습니다. 그러나 경험이란 단순히 아름다운 곳을 보고 맛있는 음식을 먹는 것으로 이루어지지 않습니다. 진정한 경험은 도전과 실패를 통해 얻어지는 것입니다. 경험이란 실패와 성공을 모두 아우르는 과정에서 비롯됩니다.

　좋은 것만 보고 느끼는 것은 진정한 의미의 경험이 아닙니다. 수많은 실패를 겪어본 사람만이 결국 단단하게 성장할 수 있으며, 성공 후에도 어떠한 시련이 닥쳐도 쓰러지지 않는 강한 내면을 갖추게 됩니다. 반면, 쉽게 성공한 사람들, 특히 부모의 재산 덕에 쉽게 성공한 사람들은 어러움이 닥쳤을 때 이를 직접 해결하는 능력이 현저히 떨어지는 경우가 많습니다.

진정한 오너가 되기 위해서는 문제를 직접 해결할 수 있는 능력을 갖추는 것이 중요합니다. 이는 단순히 외부의 도움을 받는 것이 아니라 스스로의 힘으로 문제를 직면하고 해결해 나가는 과정에서 길러집니다. 이러한 능력은 도전과 실패를 통해서만 얻을 수 있습니다.

젊은 시절, 우리는 다양한 도전에 직면하게 됩니다. 이때 실패를 두려워하지 않고 과감히 도전하는 것이 중요합니다. 실패는 성공을 위한 발판이자, 우리의 내면을 더욱 강하게 만드는 자양분입니다. 실패를 통해 배운 교훈은 우리의 삶을 더욱 풍요롭게 하고, 진정한 성공으로 이끄는 길잡이가 됩니다. 따라서, 여행과 같은 단편적인 경험도 중요하지만, 진정한 경험을 위해서는 도전과 실패를 두려워하지 말아야 합니다. 어려운 상황을 맞닥뜨렸을 때 이를 극복하려는 의지와 능력이야말로 진정한 성공을 이루는 데 필수적인 요소입니다.

결론적으로, 여행 다니고 맛있는 음식을 먹는 것은 단순한 경험일 뿐, 진정한 경험은 도전과 실패를 통해 이루어집니다. 많은 실패를 겪어본 사람만이 단단하게 성장하며, 성공 후에도 어떠한 시련에도 굴하지 않는 내면을 갖추게 됩니다. 우리는 진정한 오너가 되기 위해, 문제를 직접 해결할 수 있는 능력을 길러야 합니다. 이것이야말로 진정한 성장의 길이며, 우리의 삶을 보다 의미 있게 만드는 방법입니다.

화려한 경치와 미식을 즐기는 여행은 일시적인 만족감을 줄 수 있습니다. 그러나 진정한 경험은 그 이상의 가치를 담고 있습니다. 도전과 실패는 우리의 내면을 단련시키고, 우리가 직면하는 모든 문제에 대해 더욱 강인하게 대처할 힘을 길러줍니다. 실패를 통한 경험은 단순히 우리를 좌절시키는 것이 아니라 우리의 내면을 단단하게 만드는 자양분이 됩니다.

결국, 우리는 끊임없는 도전과 실패를 통해 성장합니다. 이는 마치 연금술처럼, 시련을 통해 내면의 금을 만들어내는 과정입니다. 도전과 실패를 통해 우리는 진정한 오너로서의 자질을 갖추게 됩니다. 문제를 해결할 수 있는 능력은 단순히 지식에서 오는 것이 아니라 실전에서 얻는 경험에서 비롯됩니다.

여행과 미식을 통한 경험도 소중하지만, 그 이상의 가치를 추구하십시오. 도전과 실패를 통해 얻은 경험이야말로 우리를 진정으로 성장시키고, 성공으로 이끄는 진정한 자산입니다. 이 길을 걸으며 얻게 되는 모든 경험은 우리의 삶을 더욱 풍요롭고 의미 있게 만들어줄 것입니다.

09

답은 항상 있다
(경험과 실패를 통한 성장의 중요성)

"답이 없다"라거나 "답을 못 찾겠다"라는 말은 단지 핑계에 불과합니다. 답은 언제나 존재하며, 그것을 찾지 못했다는 것은 깊이 생각하고 충분히 알아보지 않았기 때문입니다. 저는 수많은 경험과 실패를 거치면서 항상 답을 찾아왔습니다. 자다가도 좋은 생각이 나면 즉시 핸드폰에 메모하는 습관이 있을 정도로, 문제 해결에 대한 열정을 가지고 있습니다.

처음에는 문제를 해결하는 데 한 달이 걸리기도 했지만, 시간이 지날수록 해결 시간이 점점 줄어들었습니다. 현재는 어떠한 변수와 고난이 찾아와도 단 2~3일이면 해결책을 찾을 수 있습니다. 이는 제가 얼마나 성장했는지를 보여주는 증거입니다. 예를 들어, 사업을 처음 시작하는 사람이 10일을 고민하고도 해결하지 못하는 문제를 저는 단 5분 만에 해결할 수 있습니다. 이는 경험의 중요성을 여실히 보여줍니다.

저 역시 처음부터 문제 해결 능력이 뛰어났던 것은 아닙니다. 처음에는 문제를 해결하는 데 10일이 아닌 20일이 걸렸던 적도 많았습니다. 그러나 이러한 과정을 통해 저는 끊임없이 배우고 성장했습니다. 이제는 더 복잡하고 어려운 문제도 신속하게 해결할 수 있는 능력을 갖추게 되었습니다.

결론적으로, 답은 언제나 존재합니다. 문제를 해결하는 데 시간이 걸리는 것은 자연스러운 일이며, 이는 경험과 실패를 통해 성장할 기회입니다. 포기하지 않고 끊임없이 고민하고 찾아보는 자세가 중요합니다. 경험이 쌓일수록 문제 해결 능력도 향상되며, 더 빠르고 효율적으로 답을 찾을 수 있게 됩니다. 따라서, 답이 없다고 생각하지 말고 더 깊이 생각하고 다양한 방법을 시도해보십시오. 결국, 모든 문제는 해결할 수 있습니다.

이 책은 독자들에게 문제 해결의 중요성과 그 과정에서의 성장을 강조합니다. 답이 없다고 단정 짓지 말고 끊임없이 도전하고 생각하며 다양한 방법을 시도하십시오. 경험과 실패를 통해 얻은 교훈이야말로 진정한 성장의 원동력입니다.

타인의 시간을 존중하라

시간은 누구에게나 공평하게 주어지는 자원입니다. 우리는 모두 하루 24시간을 가지고 있지만, 그 시간을 어떻게 사용하는지에 따라 삶의 질이 달라집니다. 내 시간을 소중히 여기는 것처럼, 타인의 시간도 소중히 여겨야 합니다.

01

가족에게 소홀히 하지 말자
(가족과 일의 균형을 찾는 법)

가족에게 절대 소홀히 하지 말아야 합니다. 인생은 오로지 일을 위해 태어난 것이 아닙니다. 가족과의 시간은 정말 소중합니다. 차라리 가족이 잠든 새벽에 나가서 일찍 돌아오는 편이 낫습니다. 이렇게 하면 가족과 소중한 시간을 충분히 보낼 수 있습니다. 가족과의 시간을 먼저 충분히 보내고, 나머지 시간에 100% 집중하여 일에 임하면 충분합니다.

가족은 우리 삶의 근본입니다. 아무리 바쁜 일상이라도 가족과 함께하는 시간만큼은 양보해서는 안 됩니다. 일이 중요하다는 이유로 가족과의 시간을 희생해서는 안 됩니다. 오히려 가족과의 시간을 먼저 확보하고, 남은 시간을 최대한 효율적으로 활용하는 것이 중요합니다. 새벽 시간을 활용하는 방법이 있습니다. 가족이 잠든 새벽에 일어나 일을 시작하고, 저녁에는 가족과 함께 시간을 보내는 것입니다. 이렇게 하면 가족과 소중한 시간을 놓치지 않으면서도 일에 집중할 수 있습니다. 또한, 새벽 시간은 조용하고 방해요소가 적어 집중력이 높아지기 때문에 업무 효율도 극대화할 수 있습니다.

가족과의 시간을 소중히 여기면, 그 시간들이 우리에게 더 큰 에너지와 동기부여를 줍니다. 가족의 사랑과 지지는 우리의 정신적, 감정적 안정을 도와주며, 이는 곧 업무 성과로 이어집니다. 가족과의 시간이 충분히 보장된 상태에서 일에 몰두하면, 더욱 효율적으로 목표를 달성할 수 있습니다.

결론적으로, 가족에게 소홀히 하지 말고 가족과의 시간을 최우선으로 두어야 합니다. 가족과 충분한 시간을 보낸 후, 남은 시간에 100% 집중하여 일을 하면 됩니다. 이렇게 하면 가족과의 관계도 돈독해지고 일에서도 성공할 수 있습니다. 인생의 진정한 행복은 가족과 함께하는 시간에서 비롯됩니다. 가족과 일의 균형을 찾아, 더 의미 있고 풍요로운 삶을 살아가시길 바랍니다.

02

한계를 두지 마라
(1인 사업자의 무한한 가능성)

벌 수 있는 돈에 한계를 두지 마십시오. 1인 사업자라고 해서 1조 원의 매출을 올릴 수 없을까요? 저는 가능하다고 확신합니다. 1인 사업자라 해서 혼자서 모든 것을 해야 하는 것은 아닙니다. 다른 사업자들과 협력하고 파트너십을 맺어 충분히 시너지 효과를 낼 수 있습니다. 협력을 통해 더 큰 프로젝트를 수주하고, 더 넓은 시장에 진출할 수 있습니다. 서로의 강점을 결합하여 더 혁신적이고 효율적인 방법으로 문제를 해결할 수 있습니다. 이러한 협력은 단순히 수익을 증대시키는 것뿐만 아니라 더 나은 비즈니스 환경을 조성하는 데에도 기여합니다.

많은 사람이 "이게 최대치다", "혼자서는 불가능하다",

"직원이 필요하다"라고 말합니다. 그러나 이는 단지 핑계일 뿐입니다. 그런 생각은 안주하고 노력하지 않는 자신을 합리화하는 것에 불과합니다. 무한한 가능성을 긍정적으로 바라보며 지속적으로 노력하다 보면, 어느덧 수익이 크게 늘어날 것입니다. 현대의 디지털 환경에서는 자동화 도구와 아웃소싱을 통해 많은 업무를 효율적으로 처리할 수 있습니다. 필요한 기술과 자원을 적극적으로 활용하면, 적은 인원으로도 큰 성과를 낼 수 있습니다.

성공을 가로막는 가장 큰 장애물은 스스로 한계를 설정하는 것입니다. 우리는 자신의 능력과 잠재력을 과소평가하기 쉽습니다. 1인 사업자도 충분한 노력과 전략을 통해 엄청난 성과를 이룰 수 있습니다. "직원이 필요하다"라는 말 역시 한계를 설정하는 핑계일 뿐입니다. 결국, 중요한 것은 한계를 두지 않고 무한한 가능성을 믿으며 끊임없이 노력하는 자세입니다. 긍정적인 태도로 도전하고, 협력의 가치를 이해하며, 혁신적인 방법을 모색하는 것이 성공의 열쇠입니다. 1인 사업자라고 해서 큰 목표를 가지지 못할 이유는 없습니다. 오히려 더 큰 목표를 설정하고, 그것을 이루기 위한 다양한 방법을 시도할 때, 진정한 성장이 이루어질 것입니다.

따라서, 벌 수 있는 돈에 한계를 두지 말고 자신의 가능성을 믿으십시오. 끊임없이 도전하고 협력하며, 무한한 가능성으로 나아가다 보면, 어느덧 상상 이상의 성과를 이룰 수 있을 것입니다.

03

시간을 가치 있게 사용하라
(유혹에서 벗어나 지식과 성공을 향해)

　쇼츠나 인스타그램과 같은 플랫폼에서 타인의 일상을 보며 시간을 낭비하지 마십시오. 우리는 항상 필요한 지식과 정보를 얻기 위해 검색하거나 유튜브, AI 등을 활용해야 합니다. 저는 시간낭비를 극도로 싫어합니다. 심지어 TV조차도 보지 않습니다. 친구들과 만날 때, 요즘 유행하는 사람들에 대한 이야기나 프로그램 이야기를 전혀 알아듣지 못합니다. 그 정도로 저는 그런 일에 시간을 쓰지 않습니다.

　대신, 저는 항상 생각하고 연구합니다. 가끔 이런 생각을 합니다. 과연 나보다 더 많이 생각하는 사람이 있을까? 나처럼 끊임없이 연구하고 시도하는 사람이 있을까? 그

정도로 저는 많은 시간을 생각과 시도에 할애합니다. 성공을 원한다면, 유혹에서 빠져나와야 합니다.

시간은 우리의 가장 소중한 자원입니다. 이를 헛되이 쓰지 않고 가치 있게 활용하는 것이 중요합니다. 쇼츠나 인스타그램은 일시적인 즐거움을 줄 수 있지만, 결국에는 아무런 실질적인 성과를 남기지 않습니다. 반면, 필요한 지식과 정보를 얻기 위해 검색하거나 유튜브, AI와 같은 도구를 활용하는 것은 매우 생산적인 활동입니다. 시간을 효율적으로 사용하려면 명확한 목표와 구체적인 계획이 필요합니다.

시간을 낭비하는 유혹에서 벗어나기 위해서는 자기 통제가 필수적입니다. 저는 TV를 보지 않는 것처럼, 불필요한 정보나 오락에 시간을 쓰지 않습니다. 그 대신, 항상 자신의 목표를 향해 생각하고 연구하며 시간을 투자합니다.

성공은 우연히 찾아오는 것이 아닙니다. 끊임없는 노력과 집중이 필요합니다. 유혹에 빠져 시간을 낭비하는 대신, 자신의 목표를 향해 한 발짝씩 나아가는 것이 중요합니다. 우리는 모두 하루 24시간을 공평하게 가지고 있습니다. 그 시간을 어떻게 사용하느냐에 따라 우리의 성공

어부가 결정됩니다.

　결론적으로, 시간을 가치 있게 사용하십시오. 타인의 일상에 시간을 낭비하지 말고 자신의 성장과 목표 달성을 위해 노력하십시오. 필요한 지식과 정보를 얻기 위해 검색하고, 유튜브나 AI와 같은 도구를 활용하십시오. 시간의 가치를 알고, 그것을 최대한 활용하는 것이 성공의 열쇠입니다. 유혹에서 벗어나 자신의 길을 걸어가십시오. 그러면 어느덧 성공이 여러분을 찾아올 것입니다.

04

타인의 시간을 존중하라
(상호 존중의 중요성)

내 시간이 소중하다면, 다른 사람의 시간도 소중합니다. 이는 제가 전기수리 출장사업을 할 때 절실히 깨달은 교훈입니다. 전기는 긴급을 요하는 경우가 많아, 급히 호출하는 사람들이 대부분입니다. 하지만 기사가 출장을 가는 도중 전기가 다시 작동해 호출을 취소하는 경우도 있었습니다. 이때 사람들은 두 부류로 나뉩니다. 첫 번째는 "오지 않았으니 출장비를 줄 수 없다"라고 말하는 사람들입니다. 두 번째는 "죄송합니다. 오지 않았어도 시간을 내주셨으니 출장비를 계좌로 보내드리겠다"라고 말하는 사람들입니다. 후자의 경우, 그들은 기사도 사람이라는 점과 그의 시간도 가치 있다는 사실을 이해합니다. 기사는 그 일정 때문에 다른 일정을 잡지 못해 결국 돈을 벌 기회를 놓칩니다.

이처럼 내 시간이 소중하다면 타인의 시간도 소중히 여겨야 합니다. 타인의 시간을 존중하는 것은 단순히 예의일 뿐만 아니라 상호 존중과 신뢰의 기반이 됩니다. 타인의 시간을 존중하는 것은 작은 행동에서 시작됩니다. 약속 시각을 지키고, 상대방의 노력을 인정하며, 불가피한 상황에서는 미리 양해를 구하는 것 등입니다. 이런 작은 실천들이 모여 상대방에게 큰 존중을 전할 수 있습니다.

시간은 누구에게나 공평하게 주어지는 자원입니다. 우리는 모두 하루 24시간을 가지고 있지만, 그 시간을 어떻게 사용하는지에 따라 삶의 질이 달라집니다. 내 시간을 소중히 여기는 것처럼, 타인의 시간도 소중히 여겨야 합니다. 이는 곧 우리 사회가 더 나은 방향으로 나아가는 데 중요한 역할을 합니다.

결론적으로, 내 시간이 소중하면 다른 사람의 시간도 소중히 여겨야 합니다. 타인의 시간을 존중하는 습관을 기르십시오. 이는 상호 존중과 신뢰를 쌓는 밑거름이 됩니다. 우리가 서로의 시간을 존중할 때, 더 나은 사회, 더 신뢰할 수 있는 관계를 형성할 수 있습니다. 타인의 시간을 소중히 여기는 것은 곧 나의 시간을 소중히 여기는 것이며, 이는 우리가 함께 성장할 수 있는 길을 열어줍니다.

타인의 시간을 존중하는 것은 곧 나의 성장을 위한 투자입니다. 상호 존중과 신뢰를 통해 우리는 더 나은 사회를 만들어갈 수 있습니다. 내 시간을 소중히 여기는 만큼, 타인의 시간도 귀하게 여기는 태도가 필요합니다. 이를 통해 우리는 더욱 깊이 있는 인간관계를 형성하고, 성공적인 삶을 구축할 수 있습니다. 타인의 시간을 존중하는 것은 단순한 예의가 아니라 더 나은 삶을 위한 필수적인 덕목입니다.

05

일상 속 행복을 찾는 법

삶이 즐겁지 않은 사람들은 주로 쉬는 날만을 기다리며, 쉬는 날이 오면 일상을 떠나 국내든 해외든 여행을 떠나려고 합니다. 그러나 살아있는 것 자체에 감사하며, 건강한 것에 행복을 느끼는 법을 배워야 합니다. 옆에 있는 사람이 있을 때 그 소중함을 느끼고, 소중한 사람이 떠난 후에야 비로소 슬픔에 빠져 매일매일 고통스러워하는 사람들이 많습니다. 또한, 몸살감기라도 걸려 열이 39도를 넘고 몸이 쑤시면 평소의 일상이 그리워지는 순간을 경험하게 됩니다. 이러한 경험을 기억하며, 하루하루 숨 쉬는 것조차도 행복으로 여길 수 있어야 합니다.

일상에서의 행복은 특별한 것에서 오는 것이 아닙니다. 우리가 평범하게 여기는 일상 속에서도 충분히 행복을 찾을 수 있습니다. 건강한 몸, 곁에 있는 소중한 사람들, 그리고 매일의 소소한 즐거움들. 이러한 것들이야말로 진정한 행복의 원천입니다. 여행을 통해 일상에서 벗어나는 것도 좋지만, 진정한 행복은 일상 속에서 찾을 수 있습니다. 매일 아침 눈을 뜨고, 건강하게 하루를 시작할 수 있다는 것에 감사하십시오. 옆에 있는 사람들과의 작은 대화, 함께하는 시간들이 쌓여 큰 행복을 만들어냅니다.

건강의 소중함을 느낄 수 있는 순간들은 우리에게 일상의 소중함을 일깨워줍니다. 몸이 아플 때 평소의 건강한 일상이 얼마나 소중한지 절실히 깨닫게 됩니다. 이러한 경험을 통해 우리는 매일의 일상 속에서 행복을 찾고, 감사할 수 있게 됩니다.

결론적으로, 삶의 행복은 거창한 것이 아닙니다. 일상 속에서 작은 것들에 감사하고, 건강과 소중한 사람들을 잃지 않는 것에서 행복을 찾아야 합니다. 쉬는 날만을 기다리기보다는, 매일매일의 일상 속에서 작은 행복을 찾아보십시오. 그렇게 한다면, 우리의 삶은 더욱 풍요롭고 행복해질 것입니다. 하루하루의 소중함을 느끼며 살아가는 것이야말로 진정한 행복의 비결입니다. 살아있는 것 자체에 감사하고, 건강한 몸과 옆에 있는 소중한 사람들을 소중히 여기십시오. 그렇게 한다면, 우리의 일상은 그 자체로 행복으로 가득 찰 것입니다.

06

늦었다고 생각하지 마라
(끊임없는 도전과 성장의 중요성)

　나는 특별한 능력이 있는 사람이 아닙니다. 남들이 두 번 실수할 것을 나는 열 번도 하면서 여기까지 왔습니다. 남들보다 늦었다고 괴로워하지 마세요. 많은 사람이 생각보다 하루를 오래 집중하지 않습니다. 하루 24시간을 생각하고 연구하며 도전하십시오. 남들이 10년 걸리는 일도 1년, 2년 안에 충분히 목표를 이룰 수 있습니다. 어떤 일에 집중하고 몰두하다 보면 시간은 빠르게 지나가고, 어느덧 성장한 자기의 모습을 발견할 것입니다.

　지금 시작하세요. 성공은 결코 한순간에 이루어지지 않습니다. 꾸준한 노력과 인내가 필요합니다. 처음부터 완벽할 수는 없으며, 실수와 실패는 성장의 필수적인 과정입니다. 남들과 비교하며 늦었다고 좌절할 필요는 없습니다. 중요한 것은 지금, 이 순간부터 시작하는 것입니다. 남들이 얼마나 집중하는지, 얼마나 시간을 투자하는지에 신경 쓰기보다는, 자신의 목표를 향해 꾸준히 나아가는 것이 중요합니다. 하루 24시간을 온전히 활용하여 생각하고 연구하며, 끊임없이 도전하십시오. 그러면 예상보다 더 빠르게 목표를 달성할 수 있습니다.

성장은 시간이 지나야 눈에 보입니다. 어떤 일에 몰두하고 집중하다 보면, 어느새 1년이 지나 있을 것입니다. 그때, 당신은 과거의 자신보다 훨씬 성장한 모습을 발견하게 될 것입니다. 중요한 것은 시작하는 용기와 지속하는 힘입니다.

결론적으로, 남들보다 늦었다고 괴로워하지 마세요. 실수와 실패는 성장의 과정입니다. 하루 24시간을 최대한 활용하여 생각하고 연구하며 도전하십시오. 그러면 1년, 2년 안에 놀라운 성장을 이루게 될 것입니다. 지금, 이 순간, 바로 시작하십시오. 끊임없는 도전과 성장은 당신을 더 나은 미래로 이끌 것입니다. 포기하지 않고 꾸준히 노력하는 자세가 성공의 열쇠입니다. 오늘의 작은 시작이 내일의 큰 성과로 이어질 것입니다.

07

책을 쓰게 된 여정
(노력과 자신감의 결실)

 살면서 제가 책을 쓸 줄은 상상도 못했습니다. 어느 날 문득, 열심히 달려오다 보니 이제는 더 할 수 있는 능력이 무엇일까를 생각하게 되었습니다. 그렇게 노력하다 보니 자신감이 생겼고, 이제는 누군가에게 도움을 줄 수 있는 날이 왔습니다. 책을 쓰는 과정은 저에게 있어 새로운 도전이자 성장의 기회였습니다. 처음에는 막막하고 두려웠지만, 차근차근 글을 쓰면서 내면의 목소리를 발견하고 표현할 수 있었습니다. 이 책은 제가 겪어온 경험과 배움을 통해 다른 이들에게도 도움이 될 수 있는 소중한 자산이 되기를 바랍니다. 책을 처음 쓰다 보니 서툴고 전달력이 부족할 수 있습니다. 하지만 이것도 처음이자 도전입니다. 책을 10권, 100권 쓰다 보면 언젠가는 잘하게 될 것이라고 믿습니다.

노력은 결코 배신하지 않습니다. 꾸준히 자신의 한계를 넘어서고자 노력하면 어느 순간 자신감이 생기기 마련입니다. 그 자신감은 또 다른 도전을 가능하게 합니다. 저 역시 그렇게 성장해왔습니다. 누구나 처음에는 서툴고 미숙할 수 있지만, 포기하지 않고 노력하면 반드시 성과를 이룰 수 있습니다. 이 책을 통해 많은 사람들이 자신의 가능성을 믿고 도전하는 용기를 가지길 바랍니다. 제가 걸어온 길이 그들에게 작은 영감이 되기를 바랍니다. 노력의 결실이 자신감으로, 그리고 타인에게 도움을 줄 수 있는 능력으로 돌아온다는 사실을 믿으십시오.

결론적으로, 책을 쓰게 된 이 여정은 저에게 큰 의미가 있습니다. 노력과 성장은 결국 자신감과 새로운 가능성으로 이어집니다. 이제 저도 다른 이들에게 도움이 될 힘을 갖추게 되었습니다. 이 책이 여러분에게 작은 힘이 되기를 바라며, 함께 성장해 나가길 기대합니다.

08

마음의 빈곤과 사치의 유혹

　마음이 빈곤하면 공허함을 채우기 위해 사치에 빠지기 쉽습니다. 요즘, 굶어 죽을지언정 샤넬백에 집착하는 사람들, 혹은 당장 먹을 것도 없으면서 자동차에 모든 것을 투자하는 '카푸어'들을 종종 볼 수 있습니다. 이는 그들이 마음속에 깊은 공허함을 느끼며, 이를 채울 곳이 없어 인생에 만족감을 찾지 못한 채 스트레스 해소를 위해 물질적 사치에 의존하는 것입니다.

　저도 한때는 그런 공허함을 채우기 위해 사치에 빠져 있었습니다. 그러나 현재는 매달 수천만 원을 벌면서도, 몇 천 원짜리 티셔츠나 몇 백만 원짜리 차를 타도 행복하고 부끄러움이 없습니다. 중요한 것은 물질이 아닌 내면의 풍요로움과 진정한 만족입니다.

노후 대비 또한 중요한 문제입니다. 현재 젊고 돈을 벌 기회가 많다고 해서 모든 돈을 다 써버리는 것은 매우 어리석은 행동입니다. 이는 마치 미래의 자신에게서 돈을 끌어다 쓰는 것과 다름없습니다. 미래의 나에게 부끄럽지 않은가? 노후에 돈 걱정 없이 자식에게 짐이 되지 않고 편안한 여생을 보내고 싶은가? 아니면 죽기 직전까지 일만 하다 죽고 싶은가? 항상 이 점을 생각해보아야 합니다.

사치와 허영의 늪에서 벗어나기 위해서는 진정한 만족과 행복을 추구해야 합니다. 마음의 풍요로움을 채우기 위해 물질에 의존하지 말고 내면의 충실함을 찾는 노력이 필요합니다. 젊음과 돈을 벌 기회를 현명하게 활용하여 미래를 대비하는 것은 인생의 중요한 과제입니다.

결국, 사치와 허영이 아닌 진정한 만족을 추구하는 삶을 살아가야 합니다. 마음의 빈곤을 채우기 위해 물질에 의존하지 말고 내면의 충실함을 찾는 노력이 필요합니다. 젊음과 돈을 벌 기회를 현명하게 활용하여 미래를 대비하는 것은 인생의 중요한 과제입니다. 자신의 마음속 공허함을 물질로 채우려는 유혹을 물리치고, 진정한 만족과 행복을 찾아 나서야 합니다.

노후의 편안함을 위해 현재의 기회를 현명하게 활용

하고, 미래의 자신에게 부끄럽지 않은 선택을 해야 합니다. 물질적 사치보다 더 중요한 것은 마음의 풍요로움과 인생의 진정한 만족입니다. 지금, 이 순간, 자신의 선택이 미래를 결정한다는 사실을 항상 염두에 두어야 할 것입니다. 삶의 진정한 가치는 외부의 사치가 아닌, 내면의 풍요로움과 진정한 만족에서 나옵니다. 이를 위해 우리는 항상 내면을 충실하게 가꾸고, 미래를 위한 현명한 선택을 해야 합니다. 그렇게 할 때, 우리는 진정한 행복과 평안을 누릴 수 있습니다.

09

독서의 중요성

사람은 배가 고프면 밥을 먹습니다. 그렇다면 정서나 마음이 힘들 때는 어떻게 해야 할까요? 다양한 방식으로 스트레스를 해소할 수 있지만, 이는 근본적인 해결책을 제시하지는 못합니다. 일시적으로 해소될 수 있는 스트레스와는 달리, 진정한 해결책은 따로 있습니다. 바로 독서입니다.

자신이 부족한 부분이나 관심 있는 분야가 있다면, 그 분야의 책을 많이 읽어야 합니다. 독서는 단순한 스트레스 해소를 넘어, 삶의 지혜와 통찰을 제공하는 중요한 도구입니다. 독서를 통해 인생을 먼저 경험한 사람들의 이야기를 접하면, 그들의 시행착오를 간접적으로 체험할 수 있고, 이를 통해 자신의 실수를 줄일 수 있습니다.

또한, 새로운 지식과 통찰을 얻으며 자신감을 키울 수 있습니다. 어제까지 사업의 어려움에 직면해 두려움을 느꼈던 사람이 한 권의 책을 통해 자신감을 회복하는 것처럼, 책은 우리에게 새로운 길을 제시하고, 용기를 북돋아 주는 힘이 있습니다. 독서는 단순한 정보의 축적을 넘어서, 우리의 정신과 마음을 풍요롭게 하고, 삶의 방향을 명확히 해주는 역할을 합니다. 책을 통해 우리는 한 사람의 경험을 넘어 수많은 사람의 지혜를 축적할 수 있습니다.

이는 마치 우리가 그들의 삶을 함께 살아가는 것과도 같습니다. 독서를 통해 얻은 지식과 경험은 단순한 정보 이상의 가치를 지니며, 우리를 더욱 풍요로운 삶으로 이끌어줍니다.

책을 많이 읽는 것도 중요하지만, 나를 위로해줄 수 있는 책을 찾아보는 것이 더욱 중요합니다. 책을 한 번 보고 실행에 옮기는 것은 저 역시 쉽지 않습니다. 하지만 책을 많이 읽고 조금씩 사소한 것 하나부터 실천하다 보면 천천히 변해가는 모습을 발견할 수 있습니다. 앞서 이야기했듯이, 새벽 5시에 일어나는 생각을 즐겁다고 생각하고 시작해보세요. 그러면 새벽 5시의 기상의 시작이 다른 연쇄적인 좋은 결과를 낳을 것입니다. 나도 모르게 발전하는 모습을 발견할 것입니다.

결론적으로, 독서는 마음의 굶주림을 채워주는 가장 훌륭한 양식입니다. 정신적으로 힘들 때, 책은 그 무엇보다도 강력한 동반자가 되어줍니다. 책을 통해 우리는 삶의 깊이를 더하고, 새로운 길을 찾으며, 더 나은 미래를 향해 나아갈 수 있습니다. 독서의 중요성을 깨닫고, 더 많은 책을 통해서 우리의 삶을 더욱 풍요롭게 만들어가시길 바랍니다.

독서의 중요성은 단순히 개인적인 성장에 그치지 않습니다. 독서는 사회적 연대감과 이해를 증진시키며, 우리의 시야를 넓히고 다양한 관점을 받아들이게 합니다. 이를 통해 우리는 더 넓은 세계를 이해하고, 더 나은 선택을 할 수 있게 됩니다. 독서는 또한 우리에게 꾸준함과 인내심을 가르쳐줍니다. 한 권의 책을 끝까지 읽어내는 과정에서 우리는 집중력과 지속력을 기르게 되며, 이는 다른 분야에서도 큰 도움이 됩니다. 독서는 우리의 생각을 정리하고, 더 명확하게 표현할 수 있는 능력을 길러줍니다. 이는 개인적인 삶의 질 향상뿐만 아니라 직장이나 사회생활에서도 중요한 역할을 합니다.

따라서 독서를 습관으로 만들어보세요. 매일 조금씩이

라도 시간을 내어 책을 읽고, 그 내용을 내 삶에 적용하려고 노력해보세요. 작은 변화들이 모여 큰 변화를 이루게 될 것입니다. 독서를 통해 얻은 지혜와 통찰은 당신의 인생을 더욱 풍요롭고 의미 있게 만들어줄 것입니다. 독서의 중요성을 인식하고, 이를 생활화함으로써 더 나은 삶을 만들어가길 바랍니다.

10

할 일이 없다면
스스로 만들어보라

　할 일이 없다고 생각될 때야말로 스스로 새로운 일을 창출할 기회입니다. 저는 항상 새로운 일을 만들어내기 위해 노력합니다. 예를 들어, 협력사와의 미팅을 주도하거나 광고주에게 참신한 방법과 기획을 제안합니다. 이는 지속 가능한 아이템을 뜻밖에 발견할 기회가 되기 때문입니다. 이러한 주도적인 접근은 잠재적인 성장과 성공의 기회를 열어줍니다.

　예를 들어, 식당에서 아르바이트하는 젊은 친구를 생각해봅시다. 손님이 없어서 사장님이 시키는 일이 없다고 그냥 앉아 쉬는 대신, 스스로 할 일을 찾아서 하는 직원은 분명히 나중에 큰 성공을 거둘 것입니다. 식당의 청결을 유지하거나, 메뉴 개선 아이디어를 제안하거나, 새로운 홍보전략을 구상할 수 있습니다. 이러한 사람들의 주도적인 마인드는 10년, 20년이 지나면 어느 한 직장의 높은 자리에 오르거나, 자신만의 기업을 소유하게 될 것이라고 확신합니다.

스스로 일을 만드는 것은 단순히 할 일을 찾는 것을 넘어, 자기계발과 미래의 성공을 준비하는 중요한 과정입니다. 저는 언제나 스스로에게 새로운 도전을 부여하며, 이를 통해 성장하고 발전하는 기회를 찾습니다.
예를 들어, 협력사와의 새로운 협력방안을 모색하거나, 광고주에게 더욱 혁신적인 마케팅 전략을 제안합니다. 이는 나와 내 팀의 역량을 강화하고, 지속 가능한 성공을 도모하는 데 중요한 역할을 합니다.

지금, 이 순간 스스로 일을 만들어보십시오. 더 많은 경험과 기회가 당신을 찾아올 것입니다. 이를 통해 얻는 경험과 교훈은 앞으로의 인생에 큰 자산이 될 것입니다. 자신의 능력을 최대한 발휘하고, 새로운 도전을 통해 성장할 기회를 놓치지 마십시오. 주어진 환경에서 최선을 다해 자신을 발전시키는 것은, 결국 당신을 성공으로 이끄는 가장 확실한 방법입니다.

　지금, 이 순간에도, 할 일이 없다고 생각되면 스스로 새로운 일을 창출해보세요. 그 과정에서 더 많은 경험과 기회가 당신을 기다리고 있을 것입니다. 할 일이 없다면, 그것은 당신이 새로운 도전을 시작할 순간임을 의미합니다. 더 많은 경험과 기회가 당신을 찾아오고, 당신의 노력과 헌신이 그 가치를 증명해줄 것입니다. 스스로 할 일을 만들어 나가는 과정에서, 당신은 더 큰 성취와 만족을 느낄 수 있을 것입니다.

　이제, 스스로 일을 만들어가는 마인드를 가져보세요. 이는 단순한 직무 수행을 넘어, 자신의 역량을 최대한 발휘하고, 지속 가능한 성공을 도모하는 중요한 과정입니다. 여러분의 열정과 헌신이 그 가치를 증명해줄 것입니다. 할 일이 없다면, 그 순간이 바로 새로운 도전을 시작할 때임을 기억하십시오.

맺음말

사랑하는 가족과 함께하는 삶

저는 세상에서 가장 사랑하는 아내와 세 살 된 딸이 있습니다. 만약 이들이 없었다면, 이 책을 쓰지 않았을 것입니다. 저는 와이프와 우리 딸에게 일도 열심히 하고 가족과도 많은 시간을 보내는, 좋은 남편이자 아빠로 기억되고 싶은 사람입니다. 언젠가 제가 세상을 떠난 후, 딸아이가 이 책을 보며 아빠의 기록을 소중히 간직하기를 바랍니다.

가족은 제 삶의 원동력이자, 이 책을 집필하게 된 가장 큰 이유입니다. 아내와 딸이 있었기에 저는 더욱 열심히 살 수 있었습니다. 가족과 함께하는 시간은 저에게 가장 소중한 순간들입니다. 그래서 일과 가정을 균형 있게 유지하며, 사랑하는 이들과 행복한 시간을 보내는 것이 제 인생의 목표입니다. 제가 이 책을 통해 전하고 싶은 메시지는 간단합니다. 우리의 인생은 사랑하는 사람들과 함께할 때 비로소 완전해진다는 것입니다. 저는 죽는 날까지 아내와 딸과 함께 행복하고 건강하게 살고 싶습니다. 그리고 앞으로도 힘이 다할 때까지 열심히 살아갈 생각입니다.

이 책을 마무리하며, 저는 모든 가정이 행복하고 건강하기를 바랍니다. 사랑하는 이들과 함께하는 시간이야말로 우리의 삶을 풍요롭게 만듭니다. 우리 모두가 각자의 자리에서 최선을 다하며, 소중한 이들과 함께하는 시간을 소홀히 하지 않기를 바랍니다. 이 책이 우리 가족에게는 소중한 기록이 되고, 다른 이들에게는 작은 영감이 되기를 바랍니다. 제가 걸어온 길이 누군가에게는 새로운 도전의 시작이 되기를, 그리고 이 책을 읽는 모든 분이 자신의 삶 속에서 진정한 행복을 찾기를 진심으로 바랍니다.

이상, 이 책을 통해 전하고자 하는 모든 이야기를 마칩니다. 여러분 모두의 가정에 행복과 건강이 가득하기를 진심으로 기원합니다. 마지막으로, 사랑하는 와이프에게 이 글을 빌어 전하고 싶습니다.

"여보, 당신과 우리 아이가 없었다면 이렇게까지 성장할 수도 없었을 거야. 항상 나를 응원해주고 믿어주는 든든한 사람이 되어줘서 너무 고마워. 항상 현명하고 나보다 더 강한 정신력으로 나를 좋은 길로 이끌어주는 당신을 만나게 되어 항상 감사하게 생각해. 앞으로 살면서 우여곡절이 많겠지만, 목숨이 다할 때까지 평생 사랑하며 함께 살아가자. 사랑해."